Ethnographie De L'amérique Antarctique: Patagons, Araucaniens, Fuégiens

Pierre Henri Richard de Lucy-Fossarieu

MÉMOIRES DE LA SOCIÉTÉ D'ETHNOGRAPHIE

FONDÉE EN 1859

RECONNUE COMME ÉTABLISSEMENT DUTILITÉ PUBLIQUE

No 4.

ETHNOGRAPHIE

DE

L'AMÉRIQUE ANTARCTIQUE

PATAGONS, ARAUCANIENS, FUÉGIENS

PAR P. DE LUCY-FOSSARIEU.

PARIS

MAISONNEUVE FRÈRES ET LECLERC, ÉDITEURS

LIBRAIRES DE LA SOCIÉTÉ D'ETHNOGRAPHIE.

25, QUAI VOLTAIRE, 25

1884

SOCIÉTÉ D'ETHNOGRAPHIE

FONDÉE EN 1859.

ETHNOGRAPHIE

DE

L'AMÉRIQUE ANTARCTIQUE

Par P. DE LUCY-FOSSARIEU.

PUBLICATIONS DU MÊME AUTEUR

SUR L'ETHNOGRAPHIE DE L'AMÉRIQUE.

———

LES LANGUES INDIENNES DE LA CALIFORNIE. Etude de Philologie Ethnographique. *Paris*, Imprimerie Nationale, 1881. — In-8.

Extrait du *Compte-rendu du Congrès international des Sciences Ethnographiques*. Session de Paris, 1878.

———

EN PRÉPARATION :

L'ÉLÉMENT ANGLO-SAXON AUX ETATS-UNIS ; étude d'ethnographie américaine.

MÉMOIRES DE LA SOCIÉTÉ D'ETHNOGRAPHIE

FONDÉE EN 1859.

RECONNUE COMME ÉTABLISSEMENT D'UTILITÉ PUBLIQUE
par décret du 14 juin 1881.

No 4.

ETHNOGRAPHIE

DE

L'AMÉRIQUE ANTARCTIQUE

.PATAGONS, ARAUCANIENS, FUÉGIENS

PAR P. DE LUCY-FOSSARIEU,

Membre Libre,
Lauréat de la Société Américaine de France,
Secrétaire-général de l'Institution Ethnographique.

Certaines parties de l'Amérique du Sud, quoique appartenant nominalement depuis plusieurs siècles à des états civilisés, sont encore à peu près aussi complètement ignorées aujourd'hui et d'un abord aussi difficile pour les Blancs, que le centre de l'Afrique : le récent désastre de la mission Crevaux, dans le Grand-Chaco, vient de l'attester une fois de plus d'une terrible manière.

Il en est autrement des régions australes du vaste continent : le Chili méridional, les pampas Argentines, la Patagonie, explorés à diverses reprises par d'aventureux voyageurs, n'ont plus guère de mystères pour les géographes ; l'archipel de la Terre de Feu a été, il y a une cinquantaine d'années, de la part des capitaines King et Fitz-Roy, l'objet d'études hydrographiques très complètes, et quant aux côtes, elles sont familières aux navigateurs, principalement celles qui se trouvent sur le passage des vaisseaux qui fréquentent le détroit de Magellan et celui de Le Maire.

Les races (1) qui habitent ces pays ont été, de même, maintes fois obser-vées et décrites. S'il fallait mentionner tous les auteurs qui ont écrit sur cette matière, depuis le chevalier Pigaffetta, le chroniqueur de Magellan, jusqu'à M. Jules Verne, et énumérer tous les travaux publiés par eux, — mémoires, monographies, relations de voyages ou romans, ouvrages de science sérieuse ou de vulgarisation, — un volume suffirait à peine à cette nomenclature. Aussi n'est-il personne aujourd'hui qui ne soit plus ou moins familiarisé avec les noms de ces peuplades et qui ne possède sur leur compte quelques notions exactes ou fantaisistes.

Toutefois, malgré tout ce qui a été dit sur ces indigènes, il est encore cer-taines questions les concernant, et non des moins importantes, qui restent à élucider. On se rend très mal compte, en général, de leur ethnogénie. Les principaux groupes entre lesquels ils se répartissent sont, chacun en particulier, à peu près connus : mais la délimitation exacte de leur habitat respectif, la détermination des rapports ethniques qui existent entre eux, la nature de leurs relations mutuelles, les analogies ou les divergences que présentent les caractères physiques et moraux, les coutumes, les croyances, les pratiques, le langage des uns et des autres, sont autant de points sur lesquels règnent encore, même parmi les ethnographes, une grande obscurité et une regrettable confusion, et que nous voulons nous efforcer d'éclaircir.

Pendant longtemps, l'ethnogénie des races indigènes de l'Amérique du Sud est demeurée presque entièrement inconnue. D'Orbigny, le savant

---

(1) Bien que le mot « race » soit bien plus un mot du langage anthropologique qu'un terme à employer en ethnographie, comme l'a fort bien remarqué M. de Rosny, nous croyons devoir l'employer ici, parce qu'il s'agit de peuples barbares ou sauvages qui n'ont acquis aucune idée de la « nationalité ».

et courageux naturaliste français, qui, pendant cinq années consécutives, de 1827 à 1832, a parcouru ces régions inhospitalières et en a rapporté une ample moisson d'inappréciables documents; d'Orbigny, qui ne faisait pas profession d'être ethnographe, mais possédait à un haut degré ce *sens ethnographique* si bien défini par un des fondateurs de notre Société (1), est le premier qui ait fait la lumière dans cette question que ses prédécesseurs n'avaient réussi qu'à embrouiller en multipliant les divisions et les dénominations, et qui ait établi une classification méthodique et complète des populations Sud-Américaines, qu'il répartit en trois grandes races comprenant chacune plusieurs rameaux, subdivisés à leur tour en nations. Cette classification si simple a été adoptée par les ethnographes; et si des découvertes nouvelles, des observations plus minutieuses ont conduit à en modifier certains détails, on en a du moins conservé les grandes lignes et à peu près universellement admis les principes auxquels nous nous conformerons ici.

Du rio Negro au cap Horn, l'*area* dans lequel nous nous renfermerons et qui constitue ce que nous appelons l'Amérique Antarctique, il n'existe en réalité que trois groupes essentiels, parlant des langues dissemblables, présentant des caractères différentiels nettement définis, et appartenant à deux races distinctes. Ce sont :

1º le groupe Patagon.
2º le groupe Araucanien.
3º le groupe Fuégien.

Les Patagons ou *Téhuelches* appartiennent à la seconde des grandes races de d'Orbigny, la race *Pampéenne*, dont ils forment l'un des rameaux avec les Puelches, les Charruas et les Indiens du Grand-Chaco. Ils habitent les plaines de la Patagonie, situées à l'est des Andes, s'étendant

---

(1) Voy. Castaing, dans les *Mémoires du Congrès international des Sciences Ethnographiques*. Paris, 1878, p. 459.

donc, du nord au sud, depuis le rio Negro jusqu'au détroit de Magellan, et, de l'est à l'ouest, depuis le rivage de l'Océan jusqu'au pied des montagnes, c'est-à-dire une superficie un peu supérieure à celle de la France. Malgré les noms multiples sous lesquels on les trouve désignés par les auteurs, et quoique disséminés sur un si vaste espace et fractionnés en petites tribus, les Patagons forment un groupe unique, dans lequel il n'y a pas lieu d'établir de divisions.

Le groupe Araucanien appartient non plus à la race Pampéenne, mais à celle que d'Orbigny appelle race *Ando-Péruvienne*. Peu de nations ont reçu plus de noms divers; c'est Falkoner qui s'est montré le plus prodigue envers lui à cet égard. Mais ces noms, pour la plupart, ne sont autre chose que des dénominations purement topographiques, comme *Huiliche*, hommes du sud, *Picunche*, hommes du nord, ou bien des appellations synonymes, qui leur sont appliquées par leurs voisins, tels que le nom de *Yacach*, que leur donnent les Patagons, celui de *Huenca* dont se servent les Puelches, ou celui de *Chilenos* qu'emploient indistinctement les Espagnols, et ainsi de presque tous les autres.

Ce groupe ne présente pas la même unité que le précédent, et il faut y distinguer deux familles qui, pour être apparentées de très près, n'en offrent pas moins des caractères fort différents : l'une qui vit dans les plaines, et qu'on rencontre, mêlée aux Puelches et aux Patagons, depuis le 30e degré de latitude, aux environs de Buenos-Ayres, de Santa-Fé et de Mendoza, jusqu'au dessous du 40e; l'autre qui habite les plateaux et les vallées des Andes et leur versant occidental jusqu'au bord du Pacifique, à partir du rio Maule au nord, pour descendre au sud un peu plus bas que le 50e degré. La première est celle des *Aucas*, qui se divisent en *Ranqueles* (1), dans les Pampas, et en *Chilenos* proprement dits, vers les

(1) De *Ranquel*, chardon, — ainsi nommés parce qu'ils habitent sur la lisière des char-

sources du rio Negro. — La seconde est celle des *Araucanos*, comprenant les *Pehuenches* (2) ou montagnards, les *Araucanos* proprement dits, dans la région que nous appelons Araucanie, aux confins du Chili, de la Plata et de la Patagonie, et les *Chonos*, au sud de Valdivia, répandus sur les côtes et dans les îles du littoral, jusqu'à l'archipel de la Madre de Dios.

Le groupe Fuégien se rattache, comme le groupe Araucanien, à la race Ando-Péruvienne, dont il forme avec celui-ci le dernier rameau. On sait qu'il occupe une partie des côtes de la Patagonie, la Terre de Feu et les îles adjacentes, c'est-à-dire les régions les plus australes qui soient peuplées par l'homme sur notre globe. Mais quelles sont les limites exactes de son habitat? — Vers le sud, évidemment, ce sont les derniers îlots de l'archipel Magellanique; mais vers le nord? C'est là un point sur lequel on n'a jamais été parfaitement d'accord. Les premiers navigateurs, assez mauvais observateurs, en général, ont perpétuellement confondu les Fuégiens, qui avec les Patagons, qui avec les Araucanos, qui avec les Chonos, et leurs fausses données ont contribué à induire en erreur à leur tour ceux qui les ont suivis, si bien qu'on s'est trouvé assez embarrassé de concilier tous ces renseignements contradictoires, et qu'aujourd'hui encore on ne sait trop où commencent et où finissent les véritables Fuégiens. Pourtant la question n'est pas si compliquée ; elle l'est même infiniment moins pour ceux-ci que pour tant d'autres races, car les limites de leur habitat n'ont pas besoin d'être plus ou moins arbitrairement tracées, et sont, en réalité, des limites naturelles. Un simple coup-d'œil jeté sur la carte qui accompagne ce mémoire, permettra de s'en rendre

---

donneraies qui couvrent de leurs impénétrables fourrés une partie des vastes plaines Argentines.

(1) *Pehuenche* signifie littéralement « peuple des pinadas » ; le mot *pehuen* désignant, dans la langue du pays, le célèbre pin du Chili (*Araucaria*).

compte. — A l'est, ils sont séparés des Patagons par le détroit de Magellan, qui établit entre les deux peuples une barrière, non pas infranchissable, mais rarement franchie, jusqu'à Punta-Areñas environ; là, ils traversent le détroit, dont ils occupent, à partir de ce point, les deux rives, et remontent le long du littoral jusqu'à la hauteur de l'île Hanovre, mais sans s'éloigner du bord de la mer, et sans dépasser jamais le pied de la chaîne de montagnes peu élevées, prolongement de la chaîne des Andes, qui, suivant de très près la côte, vient aboutir à la péninsule de Brunswick, et constitue la ligne de démarcation entre les Fuégiens et les Patagons d'abord, puis, plus au nord, entre ces derniers et les Araucanos.

Les Fuégiens ont eu aussi, comme leurs voisins, le privilège de recevoir beaucoup de noms. Olivier de Noort (1) [1599] dit qu'ils se divisent en plusieurs tribus : celle des *Enoo*, des *Kemenettes*, des *Kennekas* et des *Karaïkes*. Beauchêne-Gouin (2) [1699] en distingue deux : les *Laguediches*, à l'ouest du détroit et les *Aveguediches*, à l'est. Bougainville (3) [1767] les confond sous l'appellation générale de *Pêcherais*, parce que, dit-on, il leur entendit prononcer à chaque instant ce mot. Molina (4), qui ne les connaissait pas, les appelait *Caucau*, et Falkoner (5), qui ne les avait jamais vus, donne le nom de *Key-yus* à ceux qui habitent à l'ouest du détroit, et celui de *Yucana-cunny* à ceux de l'est, confondant ainsi, comme Beauchêne-Gouin et comme tant d'autres, les tribus du sud-est et celles du nord, de manière à ne laisser aucune distinction possible

(1) Voy. De Brosse, *Hist. des Navig. aux Terres australes*, t. I. p. 298.
(2) *Ibid.* t. II, p. 120.
(3) Bougainville, *Étoile et Boudeuse*, p. 147.
(4) Molina, *Hist. nat. du Chili*, p. 318.
(5) *Voyage aux Terres Magellaniques*, t. II, p. 38 et 66.

entre eux et les véritables Patagons. Le capitaine Weddel (1) [1822] est le premier qui les baptisa du nom de *Fuégiens*, partout adopté aujour-d'hui. Fitz-Roy (2) enfin les répartit en cinq peuplades. Nous reviendrons sur cette division.

Le genre de vie, les mœurs, et jusqu'à un certain point le caractère et le type des races, dépendant directement des influences de milieux et de climat, il n'est pas inutile, avant d'aborder la description des divers groupes dont nous venons de déterminer l'habitat, de dire un mot des régions peuplées par chacun d'eux.

La Patagonie, dans sa partie occidentale, n'est autre chose qu'une plaine immense, de 1300 kilomètres de longueur sur une largeur moyenne de 300, ou, pour mieux dire, qu'une succession de plaines qui s'étagent les unes derrière les autres, à partir du rivage de l'Océan, pour atteindre, au pied des Andes, par un accroissement insensible de niveau, une élévation de près de neuf cents mètres. Par endroits, le sol se tour-mente, il devient onduleux ; mais ce ne sont que d'insignifiants plis de terrain qui ne méritent même pas le nom de collines. Ici, plus de ces bois déjà bien clairsemés, plus même de ces fourrés de chardons gigan-tesques ou de ces prairies brûlées par la chaleur, qui couvrent une partie des Pampas argentines : mais un sol stérile et pierreux, composé de fragments de porphyre ou de basalte mélangés à une terre argileuse et blanchâtre une mer de galets qui déroule à perte de vue, de quelque côté que l'on se tourne, la désolante monotomie de sa surface blanche et nue, sur laquelle tranchent parfois le reflet plombé de l'eau croupissante

---

(1) *Voyage towards the South Pole.*
(2) *Narrative of the surveying Voyages of H. M. S.* Adventure *and* Beagle, *between the years 1820 and 1836, describing their examination of the southern shores of South America, and the* Beagle's *circumnavigation of the globe.* — London, 1839.

de quelque lac saumâtre, ou le scintillement de quelques salines dont les cristaux étincellent au soleil, jusqu'à ce qu'elle aille se confondre dans un horizon indistinct, brouillé par le mirage, avec le ciel bleu où planent les vautours et les aigles. Pas un arbre pour rompre cette morne uniformité, et c'est à peine si l'œil fatigué par l'intense reverbération de la lumière crue du soleil, trouve çà et là, pour s'y reposer, quelques touffes d'une herbe rousse qui pousse entre les pierres, ou, au bord des rares ruisseaux d'eau douce à moitié taris, quelques arbrisseaux épineux, rabougris et tordus par les vents d'est qui balayent de leurs fréquentes rafales qu'aucun obstacle n'arrête, ces vastes espaces découverts.

Les pluies et les orages sont rares : toutefois, lorsqu'ils éclatent, ceux ci sont d'une extrême violence. La sécheresse domine d'un bout de l'année à l'autre; mais le climat est sain, et la température, variant suivant la latitude et suivant la saison, n'est jamais excessive ni en chaud ni en froid. Les ressources que peut offrier un pareil pays sont maigres, on le comprend. Mais la nature, toujours prévoyante, a néanmoins pourvu à l'existence de l'homme et à celle des autres carnassiers, tels que les pumas, et les renards ainsi que les nombreux rapaces, vautours, polybores, aigles, condors, faucons, qui trouvent moyen de vivre dans ces plaines arides : de même que l'on rencontre dans les déserts de l'Afrique le chameau et l'autruche, on trouve dans celui-ci, à côté de moindres animaux, perdrix, pluviers et souris, le nandou et le guanaco, qui suffisent, par leur chair et leur dépouille, à presque tous les besoins des habitants.

A l'ouest, au contraire, nous voyons un pays de montagnes, beaucoup moins élevées, il est vrai, que celles du Chili, mais présentant le même aspect, arides et sauvages, couvertes de pins et coupées de vallées, et descendant en une pente abrupte jusqu'au bord de l'Océan, le long duquel elles ne laissent qu'une étroite bande de terrain plat. Les régions supérieures en sont incultes, et le froid les rend inhabitables ; mais les vallées sont tempérées, le sol y est fertile, et la végétation active. Là encore on trouve des guanacos, à côté d'autres espèces plus nombreuses et plus variées que dans les plaines.

Sous le nom général de Terre de Feu, on comprend toutes les îles situées au sud du détroit de Magellan jusqu'au cap Horn, et circonscrites entre le 52e degré 3o' et le 56e degré de latitude australe. Cet archipel se compose d'une grande île, de quatre autres d'une étendue moyenne, et d'un nombre considérable de petits îlots. L'île principale, placée au nord-est, est celle que les Anglais appellent *King Charles' Southland*, « la Terre méridionale du roi Charles », et que nous désignons proprement sous le nom de *Terre de Feu*. Elle mesure plus de cent lieues de longueur sur soixante-dix environ de largeur, et elle représente à elle seule plus de la moitié de la superficie totale du groupe. Au sud de celle-ci se trouvent l'île *Navarin*, qui n'a que seize lieues de longueur sur huit de large, et l'île *Hoste*, plus grande, de vingt-huit lieues sur quinze environ. Ces deux îles sont séparées l'une de l'autre par la baie Nassau et le détroit de Ponsonby, et de la première par le canal du Beagle, ouvert de l'est à l'ouest, et qui longe en ligne droite la côte septentrionale de la Terre du Roi Charles. Au sud de l'île Hoste, s'étend un groupe de petits îlots dont le dernier mérite d'être mentionné : c'est l'île *Horn*, dont le promontoire le plus méridional forme le cap célèbre que l'on s'accorde à regarder comme le point extrême de l'Amérique (1). A l'est de la Terre du Roi Charles,

---

(1) L'origine du nom du cap Horn est assez obscure. Est-ce, comme on serait porté à le croire, le mot anglais *horn*, qui signifie « corne » ? Mais ce ne sont pas les Anglais qui l'ont découvert. Ou bien, ainsi que le prétendent les Espagnols, une corruption de leur mot *horno*, « four » ? On ne voit pas trop l'analogie qu'il pourrait y avoir là. D'autres disent que Le Maire, qui le découvrit en 1615, le baptisa ainsi du nom de sa ville natale, dans les Pays-Bas. Mais ce n'est pas à Horn, c'est à Egmont que toutes ses biographies le font naître.

sont l'île *Dawson*, au milieu du détroit de Magellan; l'île *Clarence*, séparée de la première par un canal tortueux qui, du côté du détroit s'appelle détroit de Magdalen, mais, du côté de la pleine mer, prend le nom de détroit de Cockburn, et qui présente un passage facile entre l'Atlantique et le Pacifique; enfin l'île *Désolation*, la plus occidentale, et qui est séparée de la précédente par le canal de Barbara. Un peu plus vers le nord, après la *Voie lactée* (1), se trouve l'archipel des îles *Adélaïde*, et plus loin encore, l'île *Hanovre*, que nous regardons comme la dernière où il y ait des Fuégiens.

Nous ne parlons ici, bien entendu, que des îles les plus importantes : il serait inutile d'énumérer celles de proportions plus exiguës, et quant aux îlots, le nombre en est si grand, qu'il est à peu près impossible même de l'évaluer.

De l'autre côté du détroit de Magellan, dans sa partie occidentale, la côte s'avance, se creuse, s'allonge en promontoires reliés au continent par d'étroites langues de terre, et qu'on pourrait prendre pour des îles, se coupe de baies profondes qui ressemblent à des détroits, — autant de pièges tendus au navigateur égaré dans ce labyrinthe. Les deux presqu'îles les plus considérables ainsi formées par le rivage de la Patagonie, sont la péninsule de Brunswick et la Terre de Guillaume IV, que découpent les culs-de-sac d'Otway et de Skyring et les golfes de l'Amirauté et de l'Obstruction.

L'archipel de la Terre de Feu, quoique séparé du continent par un bras de mer, d'ailleurs assez étroit sur certains points pour que l'on puisse de l'une des rives apercevoir distinctement un homme debout sur l'autre bord, et presque entendre les cris qu'il pousserait, n'est en réalité

---

(1) Passe ainsi nommée parce que les écueils y sont tellement nombreux que la mer y est toute blanche sur une grande étendue.

qu'un prolongement de la Patagonie. Comme celle-ci, il présente deux régions d'aspects tout différents : un pays de plaines, à l'est; un pays montagneux, à l'ouest. La constitution géologique est la même; mais les conditions climatériques sont autres, et par suite aussi les productions et les habitants.

La région plate comprend la partie orientale et septentrionale de la Terre du roi Charles. C'est une grande plaine découverte, plus onduleuse toutefois que celles auxquelles elle fait suite, et en même temps moins sèche et moins stérile. Elle est dépourvue d'arbres, mais on y voit çà et là des buissons, et le gazon y croît en abondance. Le climat plus humide et plus froid déjà que celui de la Patagonie orientale, est encore supportable et relativement favorable à la végétation. Le capitaine Fitz-Roy pense qu'une bonne partie du terrain pourrait être cultivé et donner des récoltes satisfaisantes. Le sol est, du reste, par endroits, couvert de véritables prairies, dont l'herbe, sèche et coriace en apparence, nourrit de nombreux troupeaux de guanacos (1).

La chaîne de montagnes qui établit la démarcation entre le pays de plaines et la région voisine, commence au cap Negro et vient aboutir au détroit de Le Maire. Les points culminants en sont le mont Sarmiento [6900 pieds] (2) et le mont Darwin [6800], situés l'un et l'autre vers l'extrémité occidentale de l'île. Cette chaîne se relie au système orographique général du continent, et forme l'extrémité de la ligne de partage des eaux qui sépare les deux versants de l'Amérique du Sud.

Toute la partie de l'archipel qui se trouve à l'ouest de cette ligne,

---

(1) Dans certaines parties de l'île et du reste de l'archipel, se trouvent de grands espaces couverts d'une épaisse mousse verte qui, de loin, produisent l'illusion de luxuriants pâturages. Narborough est le premier qui les ait signalés.

(2) Il s'agit ici de pieds anglais, plus petits que les pieds français de deux centimètres.

constitue la région de montagnes. Il suffit de considérer ces îles innombrables pressées les unes contre les autres, ces amas de rochers, ces pics qui surgissent presque directement des flots et que couronnent des forêts épaisses, ces côtes déchiquetées, ce réseau de canaux, de bras de mer resserrés et profonds qui se ramifient à l'infini, pour comprendre qu'on se trouve en présence d'un massif montagneux envahi par les eaux, dont les sommets et lss plateaux les plus élevés émergent seuls et sont devenus des îles, tandis que les vallées et les ravins se sont transformés en baies et en détroits. Ce sont, en effet, les Andes qui, après avoir traversé l'Amérique dans toute sa longueur, sur une étendue de plus de 60 degrés, viennent ici se perdre dans l'Océan.

Sauf dans la portion la plus occidentale de l'archipel, depuis la Terre de Désolation, dont les côtes ne présentent que des collines de grès ou de granit, basses, arrondies et stériles, les montagnes, dont l'altitude moyenne varie de 2 à 3000 pieds, sont couvertes d'arbres depuis leur base jusqu'à une hauteur de 1000 à 1500 pieds. Au-dessus de la région boisée, s'étend une ceinture de tourbières où croissent de petites plantes alpestres. Quelques pics seulement atteignent la région des neiges perpétuelles qui, d'après le capitaine King, commence ici à 3500 ou 4000 pieds.

Lorsque la mer est calme et que le soleil brille, l'effet que produit ce paysage tourmenté a quelque chose d'imposant. Darwin nous parle en termes convaincus de la beauté de « ces scènes sauvages et magnifiques », et de la grandeur mystérieuse qu'il trouve dans ces montagnes qui s'élèvent les unes derrière les autres, laissant entre elles de profondes vallées couvertes de forêts impénétrables. » Le mont Sarmiento (1) surtout, dressant à

---

(1) Sarmiento avait été très frapré de l'aspect de cette montagne à laquelle il avait donné le nom de *Volcan Nevado*. Cordova la mentionne également avec admiration

l'horizon sa crête neigeuse, semble avoir excité l'enthousiasme des navigateurs .

Mais il faut du soleil pour prêter à la Terre de Feu ce séduisant aspect : or le soleil est chose singulièrement rare en ces parages. Un ciel constamment voilé, un temps toujours pluvieux et sombre, une température froide, des tempêtes qui se succèdent presque sans interruption, accompagnées de neige, de grêle et de pluies torrentielles, constituent l'état atmosphérique normal de ce triste climat et en font un des plus détestables du globe. Le froid, il est vrai, n'y est pas très intense ; les *minima* observés ne dépassent pas —11°, et la moyenne de la température oscille autour de zéro(1) : mais il en est ainsi toute l'année, en janvier aussi bien qu'en juillet. L'hiver et l'été ne diffèrent guère l'un de l'autre, si ce n'est peut-être qu'il tombe pendant l'un un peu plus de pluie, et pendant l'autre un peu plus de neige. En février, qui correspond à notre mois d'août, le thermomètre descend, la nuit, jusqu'à —7°.

Mais plus encore que le froid, l'humidité est la plaie du pays. Entretenue par le voisinage de la mer, par l'absence de soleil, par la fonte des neiges, par les pluies abondantes, elle transforme le sol en une véritable éponge. Non-seulement les vallées sont marécageuses, mais les montagnes mêmes sont couvertes de tourbières ; à l'intérieur des forêts, le terrain détrempé par les infiltrations, disparaît sous une couche épaisse de matières

---

(*Ultimo Viage*, p. 120). Magellan l'avait baptisée la *Campana de Roldan,* du nom d'un de ses compagnons qui avait été la reconnaître. — Bien qu'elle ait l'apparence d'un volcan, on n'a jamais constaté aucune éruption.

(1) Cette particularité doit être attribuée pour les îles septentrionales du moins à la haute température de la mer, dont la surface, dans le détroit de Magellan, a toujours un peu plus de 6° au-dessus de zéro. Les côtes exposées à l'action de la pleine mer sont beaucoup plus froides ; pendant l'hiver elles sont entourées de glace, et les *ice-bergs* se rencontrent même jusqu'au 54e degré de latitude, sur la côte de la terre du Roi Charles. (*Admiralty sailing Directions*).

végétales qui se putréfient lentement, et où le pied ne peut se poser sans enfoncer profondément,

On conçoit que, dans un tel milieu, la végétation ne doive pas être bien active, ni bien variée dans ses produits. Une espèce d'arbousier, fort commune dans les tourbières, des mousses, des lichens, des joncs, une herbe rare et maigre, voilà à peu près à quoi se borne la flore, indépendamment toutefois des grandes forêts auxquelles ce climat paraît particulièrement favorable. Les arbres qui les composent, arrêtés dans leur croissance par les vents impétueux qui souflent en tempête presque sans aucune trève durant toute l'année, restent bas et rabougris; mais ils poussent drus, épais, serrés et enchevêtrés les uns dans les autres au point de former des taillis inextricables. Ces arbres n'appartiennent qu'à deux ou trois espèces différentes : ce sont des bouleaux, des hêtres (*fagus betuloïdes* et quelques autres genres) et des magnolacées; tous arbres à feuillage persistant, mais qui, au lieu d'égayer le paysage en lui donnant un aspect verdoyant, ne servent qu'à l'attrister encore par leurs couleurs sombres, aux teintes brunâtres et rouillées.

La faune n'est pas beaucoup plus riche. Selon Darwin, (1) en fait de

---

(1) *Journal of Researches.* — Charles Darwin, qui n'était alors âgé que de 22 ans, prit part, en qualité de naturaliste, à la seconde expédition du *Beagle*, sous le commandement du capitaine Fitz-Roy. Ce voyage, qui, dans cinq années, de 1831 à 1836, eut une grande influence sur le développement intellectuel du jeune savant; dans ses ouvrages postérieurs, Darwin y fait souvent allusion. — Il publia, en 1845, une seconde édition du *Journal* qu'il avait joint à la relation de Fitz-Roy, parue en 1839, que nous avons citée plus haut; c'est cette seconde édition qui a été traduite en français par M. E. Barbier, sous le titre : *Voyage d'un Naturaliste autour du Monde*, Paris, in-8. Cet ouvrage présente un intérêt bien plus grand que n'en offrent, en général, ces genres de relations, pour le public non initié aux détails techniques; on y trouve parfois des aperçus profonds sur de grandes questions, et l'on entrevoit déjà dans cette verve de jeunesse l'idée de la célèbre théorie transformiste qui devait plus tard consacrer le génie de Darwin, et qui, dès lors, commençait à germer dans son esprit.

mammifères terrestres, outre les chiens domestiqués que possèdent les indigènes, elle ne comprend que deux genres de renards et quelques espèces de souris; le guanaco et une espèce de daim particulière ne se rencontrant guère ailleurs que dans les plaines de la Terre du Roi Charles. Les oiseaux sont un peu plus nombreux; des pics à têtes rouges, des grives, des étourneaux, des faucons, des hiboux vivent dans les forêts; l'espèce la plus commune est le grimpereau (*Oxyurus tupinieri*). Le capitaine King a vu, chose assez bizarre, des perroquets et des oiseaux-mouches, aux environs du détroit de Magellan. Les côtes, heureusement, offrent plus de ressources à l'habitant de ces terres inhospitalières. Crustacés et mollusques, poissons, oiseaux et mammifères marins lui procurent de quoi subvenir à ses principaux besoins.

Telles sont, esquissées à grands traits, la nature et la physionomie des régions australes de l'Amérique. Revenons maintenant aux races qui les peuplent, et attachons-nous tout d'abord à décrire leur type respectif.

D'une manière générale, on peut dire que, dans l'humanité, le *type* n'existe pas en soi, fixe, immuable, absolu; c'est une résultante, la résultante de deux catégories distinctes d'éléments très complexes : d'une part, les caractères physiques et physiologiques, éléments matériels, susceptibles d'être définis, mesurés, traduits par des chiffres; de l'autre, quelque chose d'indécis et d'abstrait, qui est comme l'essence même de la nationalité, et qui, par sa nature pour ainsi dire intuitive, échappe non-seulement à toute mensuation, à toute évaluation mathématique, mais même à toute définition. Plus une race est civilisée, et plus il devient difficile, impossible, de dégager son type physique primordial des modalités infinies qu'il affecte. La civilisation, en détruisant l'uniformité des moyens d'existence, en multipliant les distinctions sociales, en apportant une diversité excessive dans la position respective de chaque membre de la nation par rapport aux autres, contribue à différencier de plus en plus les une des autres les individus d'une même race, tandis que le métissage, de son côté, tend à confondre chaque jour davantage ceux des races différentes. Sous cette double influence, les caractéres ethniques anthropologiques s'atténuent, s'effacent graduellement; leur importance en tant qu'éléments déterminatifs du type disparaît peu à peu, si bien que la caractéristique de la race en arrive à résider à peu près exclusivement dans cette expression indéfinie, mais rarement trompeuse, qui émane de l'ensemble de la personne, et que nous ne pouvons rendre que par un terme aussi vague que la chose, mais qui représente néanmoins à notre esprit une idée parfaitement nette : « l'air », — comme nous disons *l'air commun* ou *l'air distingué*. — Voilà ce qu'oublie trop une certaine école qui voudrait réduire le type à une formule algébrique. — A quoi donc, en effet, reconnaissons-nous un Anglais, par exemple ? Est-ce à sa capacité crânienne, à son indice céphalique, à sa taille, à la couleur de sa peau ou de ses cheveux, aux traits de son visage ? Non ; en tous ces caractères il peut être identique à un Français, ou pareil à un Allemand, et cependant sa nationalité ne fera pas de doute. De même, qu'est-ce qui constitue la différence entre un Anglo-Saxon d'Angleterre et son congénère des États-Unis ? Un anthropologiste serait sans doute fort embarrassé pour le dire; et pourtant !un œil un peu exercé ne s'y trompera jamais.

Chez les races dont l'état social est moins développé, au contraire, la gradation inverse se produit. Plus la race se rapproche de l'état de nature, et plus les éléments matériels du type deviennent prépondérants, au détriment des autres. La rareté ou le défaut total du métissage, rendu difficile, en certains cas, par l'isolement des tribus, ou souvent prohibé par les mœurs, conservent au type son intégrité et sa pureté originaires. D'autre part, l'identité du genre de vie, la communauté des usages et des coutumes, la similitude des influences naturelles auxquelles tous se trouvent également soumis, ont pour conséquence le développement à peu près parallèle des mêmes caractères anthropologiques chez chacun des membres du même groupe, et il en résulte que le type, les causes de diffiérenciation qui pourrait l'affecter se trouvant réduites à un minimum, se manifeste chez chaque individu d'une manière assez sensible pour qu'on le retrouve sans peine sous ses peu nombreuses modalités. C'est ce qui fait qu'on remarque d'ordinaire dans les races primitives une plus grande ressemblance entre congénères que parmi nous, et que, pour celui qui n'est pas encore habitué à distinguer les nuances, tous les nègres, par exemple, sont pareils.

Cs phénomène, très sensible dans la plupart des (tribus de l'Amérique, l'est particulièrement chez les Patagons et chez leurs voisins du rameau pampéen. Sauf en ce qui concerne la taille, toutes les descriptions que nous ont données d'eux les voyageurs, s'accordent bien entre elles, sur quelque point du pays qu'ils aient recueilli leurs observations. — Comme nous le verrons tout à l'heure, il est loin d'en être ainsi pour les Fuégiens.

On a toujours eu des tendances à surfaire la taille des Patagons, à les dépeindre comme des géants ; et c'est à peine si aujourd'hui l'on sait exactement à quoi s'en tenir sur cette question si discutée. Magellan qui les aperçut le premier, en 1519, fut si frappé et probablement si effrayé de leur haute stature, qu'il les représente comme des êtres presque surnaturels, dépassant les Espagnols de plus de la moitié du corps, ayant une voix de taureau, et arrachant pour les lancer contre ses vaisseaux, des blocs de rochers gigantesques (1). Il y a dans son récit comme une rémi-

---

(1) Le chevalier Pigaffetta, dans sa relation, en italien, des voyages du célèbre navigateur portugais, dit en propres termes : « *Uno grande como un gigante, che avea una voce come di un toro* » ; et plus loin : « *Costui era cosi grande che li nostri non li arrivàvaro alla cintura* ».

niscence des aventures d'Ulysse avec les compagnons de Polyphème. Un peu plus tard, ls chevalier Cavendish, qui traversa le détroit vers 1586, atteste avoir vu, sur la côte septentrionale, les cadavres de deux Patagons qui avaient quatorze palmes de longueur; l'empreinte d'un pied humain dessinée sur le sable de la plage fut également mesurée par lui, et trouvée quatre fois plus longue que celles d'un pied ordinaire. En 1598, Sebald de Weert et Simon de Coord, prétendirent avoir été attaqué par des sauvages de onze pieds. Nous pourrions citer bien d'autre exemples encore de fables analogues, et sans remonter si haut pour les rechercher : des voyageurs beaucoup plus modernes sont tombés dans les mêmes exagérations, et il se trouve encore aujourd'hui des auteurs pour imprimer couramment que les Patagons ont deux mètres de hauteur.

Cependant il ne faudrait pas accuser de mensonge systématique tous ceux qui nous ont dépeint ces sauvages comme des colosses. Beaucoup peuvent avoir été de bonne foi, et ne nous avoir trompés que parce qu'ils s'étaient trompés eux-mêmes. Ils n'auront vu sans doute de Patagons que de loin, ou à cheval. Or, dans ces conditions, il est impossible de se faire une juste idée de leur taille. A une certaine distance, en effet, la largeur excessive de leurs épaules, la grosseur de leur tête trop volumineuse pour leur corps, l'ampleur du long manteau de fourrure dans lequel ils se drnpent, les font croire beaucoup plus grands qu'ils ne sont réellement; et lorsqu'ils sont assis ou à cheval, la longueur de leur torse, disproportionnée pour celle de leurs ljambes et de leurs cuisses, les font paraître encore plus énormes. Plusieurs observateurs ont été à même de constater l'effet de cette illusion, notamment le capitaine King qui raconte y avoir été pris lui-même. Ayant rencontré à la baie Gregory une troupe d'indigènes, ils lui apparurent, au premier abord, comme de véritables géants ; mais, une fois debout, et quand il les eut mesurés, il constata que sur les trente hommes qui composaient la bande, cinq ou six seulement attei-

gnaient six pieds anglais, et un seul six pieds un pouce. Les exagérations
de certains voyageurs sont donc excusables et peuvent être attribuées à
une illusion qui les aura induits en erreur; mais on comprend dès lors
qu'il ne faille accueillir qu'avec une extrême méfiance toutes les évalua-
tions basées simplement sur des appréciations, qui peuvent être, on le
voit, singulièrement trompeuses. Les seules données dont on doive
tenir compte sont celles qui résultent d'observations multiples et suivies,
telles que les longues recherches auxquelles se sont livrés d'Orbigny et
Musters. Le premier, après avoir mesuré un nombre considérable d'individus, fixe la taille moyenne du groupe patagonien à 1 m. 73. Musters la
porte un peu plus haut, à 1 m. 78; mais si l'on considère que d'Orbigny,
scrupuleux à l'excès, reste toujours plutôt au-dessous de la vérité dans
ses estimations, il est permis de n'attacher qu'une médiocre importance à
la différence des deux chiffres, et d'accepter le second comme étant le
plus juste, d'autant plus qu'il concorde exactement avec celui que donnent
King et Fitz-Roy de leur côté.

Cette moyenne pourra, au premier abord, sembler assez faible;
mais si on la compare avec celle de la France, qui n'est que de 1 m. 65,
et si l'on songe que pour l'humanité entière, les statistiques ne donnent que
1 m. 70, on comprendra que ce chiffre représente [en réalité [une taille
fort élevée, et qu'il fait des Patagons la race d'hommes la plus grande qui
existe aujourd'hui. Les hommes de six pieds (1 m. 94) sont communs
parmi eux; il n'est pas rare même d'en voir qui atteignent deux mètres,
et quand Falconer nous parle d'un cacique avec lequel il était très lié, et
qui était si grand, qu'en se dressant sur la pointe de ses pieds et en levant
le bras de toute sa hauteur, il arrivait bien juste à lui toucher le sommet
de la tête, ce qui faisait de ce cacique un homme de deux mètres vingt-
cinq centimètres environ, il n'y a pas de raisons pour douter de sa
véracité, à condition toutefois de ne voir en ce colosse qu'une exception

très rare, comme le serait chez nous un homme de deux mètres (1).

A la hauteur de la taille s'ajoutent, chez les Patagons, une ampleur de formes et une corpulence considérables. Le torse surtout, comme nous avons eu occasion de le dire, est particulièrement développé; la poitrine, les épaules, le cou, les membres supérieurs sont d'une musculature puissante. Les cuisses et les jambes, au contraire, sont comparativement grêles, et les extrémités plutôt petites que fortes (2). L'habitude constante du cheval et leur manière de s'asseoir les jambes repliées, leur fait porter, en marchant, les genoux en dehors et les pieds en dedans : il en résulte dans leur allure quelque chose de pesant et de gêné. Leur tournure, d'ailleurs, n'a rien de l'élégance et de la souplesse qui distinguent en général les Américains : lourds et disgracieux quand ils sont à pied, ils sont loin d'avoir à cheval, quoique bons cavaliers, la belle prestance que possèdent les Aucas.

La couleur de leur peau est d'une teinte foncée, qui se rapproche du brun-olivâtre ou du marron sombre. Leur tête, volumineuse, est couverte d'une longue chevelure noire et bien fournie; la face est large,

---

(1) Il est à remarquer que les observations dont il s'agit ici n'ont porté que sur des Indiens pris aux limites extrêmes de l'habitat : celles de d'Orbigny près du rio Negro, de Musters sur la côte nord-ouest, et de King sur les bords du détroit de Magellan. — Quelques-uns s'autorisent de ce fait pour supposer, dans le centre de la Patagonie, où de pareilles études n'ont pas été accomplies, l'existence d'indigènes dont la taille serait beaucoup plus élevée. L'unité qui semble régner dans les caractères de ce groupe ethnique tendrait à faire repousser à priori une telle hypothèse qui, d'ailleurs, manque, actuellement du moins, de fondements suffisants.

(2) On sait cependant que le nom de *Patagonie*, dérivé de *paton*, signifie en espagnol, « *qui a de grands pieds, de grandes pattes* ». Ce qui a valu aux indigènes, de la part des compagnons de Magellan, ce sobriquet aujourd'hui consacré par l'usage, c'est vraisemblablement la chaussure qu'ils portent, — une espèce de botte ou de guêtre velue dont l'extrémité garnie de poils et flottant de chaque côté du pied, peut effectivement de loin, donner à celui-ci des dimensions apparentes exagérées.

aplatie, plutôt carrée qu'ovale, grâce à la saillie prononcée des pommettes et des mâchoires, et les traits du visage sont dépourvus de toute finesse et de toute distinction. Le nez, aux narines très ouvertes, déprimé à sa base, charnu et épaté à son extrémité, est fort court : le front, bas et proéminent, la bouche largement fendue, aux lèvres épaisses, souvent noirâtres et toujours dédaigneuses, et le menton lui-même, étroit et ramassé, sont au contraire très saillants ; de telle sorte que dans leur profil la perpendiculaire abaissée du front aux lèvres serait à peine affleurée par le nez. Des yeux horizontaux, noirs et très vifs, mais petits, à la cornée injectée de sang et enfoncés sous l'arcade sourcilière dont la peau inférieure retombe sur la paupière, complètent un ensemble qui s'accorde mal avec les idées que nous professons sur la beauté physique. En outre, les Patagons s'épilent soigneusemenr tout le corps : ils ont toujours sur eux une petite pince à cet usage, avec laquelle, tout en causant, ils saisissent délicatement le moindre poil indiscret qu'ils découvrent sur leur personne. Ils s'arrachent même les cils, prétendant rendre par là leur vue plus perçante, et ils tèmoignent un grand mépris pour ceux de leurs voisins qui conservent cet ornement et qui se font ainsi, comme ils disent dédaigneusement, des *yeux de nandou*.

Cette absence de cils et de sourcils contribue à donner une expression étrange à leur regard, très mobile, comme chez tous les sauvages, et qui décèle un curieux mélange d'astuce et de naïveté, de timidité et d'audace. Au reste leur physionomie, peu intelligente d'ordinaire, est froide, dure et sévère ; elle s'éclaire rarement d'un sourire et devient facilement féroce.

Les femmes présentent, à bien peu de chose près, les mêmes caractères. Jeunes, elles ont les traits un peu plus délicats, la taille plus élancée, la peau plus blanche, et sont parfois même assez jolies. Mais dès qu'elles atteignent trente ans, elles perdent tous ces avantages, prennent

de l'embonpoint et deviennent si semblables aux hommes, qu'il est difficile, à première vue, de les en distinguer. Il est à noter que leur taille
moyenne n'est guère inférieure à celle des hommes que de 11 à 12 centimètres, ce qui est peu. En Europe, en effet, plus une race est grande,
plus la différence de stature entre les deux sexes est sensible : chez les
nations américaines, les comparaisons de moyennes indiquent une relation
inverse.

La description qui précède peut s'appliquer, avec de fort légères mo-
difications, à toutes les autres populations du rameau pampéen, et surtout
aux Puelches, dont il convient de dire ici un mot. — Ces Puelches, ainsi
nommés par les Aucas et par eux-mêmes, mais appelés *Yonec* par leurs
voisins du sud, habitent les plaines comprises entre les rios Negro et
Colorado. On les voit presque toujours confondus par les auteurs et les
voyageurs, sous la dénomination vague de *Pampas,* avec les Aucas et les
Téhuelches. En contact fréquent avec ces derniers sur les rives du rio
Negro, ils présentent du reste avec eux la plus étroite ressemblance. Ils
ont le même type, la même corpulence, la même tournure, la même
physionomie que les Patagons : la seule différence, et encore celle-ci est-
elle peu apparente, consiste dans la nuance de leur peau qui est un peu
plus foncée, et dans leur taille, qui est un peu moins haute : 1 m. 70,
d'après d'Orbigny. Pour tout le reste, genre de vie, tempéramment,
mœurs, les deux peuples sont identiques, et ce que nous dirons des uns
s'appliquera également aux autres, sauf de bien rares exceptions.

Les Aucas, au contraire, qui appartiennent nous l'avons dit, à une
race différente, se distinguent nettement des populations du rameau pampéen. Ils ont la face moins large que celles-ci, les pommettes moins saillantes, le teint plus clair, le nez plus long et plus busqué : mais plus
encore que les traits du visage ou la couleur de la peau, leur conformation
générale, leur poitrine effacée et bombée, leur torse très allongé, leurs

membres inférieurs très courts, leurs corps tout d'une venue, et par-dessus tout, leur taille qui n'est que de 1 m. 62, empêcheront toujours qu'on les confonde avec les Puelches ou les Patagons. Descendus des plateaux des Andes, ils ont conservé dans les plaines leur type originel, un peu modifié, il est vrai, par le changement de milieu, légèrement atténué par le métissage, mais toujours parfaitement reconnaissable, et accusant d'une manière indubitable leur origine montagnarde. C'est là, d'ailleurs, tout ce qu'ils ont gardé de commun avec les autres membres de leur famille ethnique : pour le reste, ils se sont identifiés avec les tribus au milieu desquelles ils se sont fixés, et dont, par un long contact et par l'effet d'un genre de vie analogue, ils ont fini par contracter les habitudes, les goûts, les idées, les défauts. Ethnologiquement, ils établissent donc la transition entre la race ando-péruvienne et la race pampéenne : montagnards par les caractères purement anthropologiques, hommes des plaines par les caractères ethnographiques.

« Les mœurs des peuples, dit d'Orbigny, dépendent toujours des ressources et des possibilités locales ». — Dans nos sociétés actuelles, il est bien difficile de démêler, parmi les innombrables influences secondaires que multiplient autour de nous les nécessités et les conventions sociales, et dans le milieu factice créé par la civilisation, le rôle que jouent en réalité les influences de climat et de milieu physique. Mais, chez les races plus rapprochées de l'état sauvage, ces influences, dont rien ne vient entraver ni contrarier l'action, s'exerçant librement, et se manifestant dans toute la plénitude de leurs effets, il suffit d'avoir étudié le climat et la nature d'un pays, pour connaître le génie du peuple qui l'habite, et pour pouvoir déterminer *à priori,* et presque à coup sûr, quels doivent être, d'une manière générale, les caractères et les mœurs de ce peuple.

D'après ce que nous avons dit de la Patagonie et des Pampas, on se rend compte immédiatement que l'habitant de ces régions ingrates ne

saurait trouver sa subsistance ni dans l'agriculture, comme les Quichuas,
sur leurs hauts plateaux tempérés et fertiles, où croît, entre autres
plantes alimentaires, la pomme de terre, qui en est originaire; ni dans
l'élève des troupeaux, comme certaines populations plus septentrionales
qui ont à leur disposition de riches pâturages; ni dans les productions
spontanées du sol, comme les heureux habitants de quelques parties des
forêts du Brésil, qui n'ont qu'à récolter, pour se nourrir, les fruits
que leur prodigue une terre généreuse et féconde. — Quelle ressource lui
reste-t-il donc? Une seule : la chasse. Il sera donc chasseur.

Mais le gibier est rare et n'a point de demeure fixe; le nandou, comme
l'autruche, voyage beaucoup; les guanacos se déplacent fréquemment,
pour aller chercher, souvent à de grandes distances, l'herbe maigre qui
les nourrit : obligé de les suivre, l'indigène deviendra nomade.

En outre, le goût de la chasse tend à isoler : moins on est nombreux,
moins on a à redouter de concurrence, et plus grosse sera la part attribuée
à chacun. Le Pampéen vivra donc par petits groupes disséminés, s'évi-
tant les uns les autres; et un pareil fractionnement rendant impossible
tout progrès dans le sens de la civilisation, il sera condamné à végéter
perpétuellement dans sa barbarie primitive.

Puis, comme la chasse oblige à avoir toujours une arme à la main,
et que celui qui tient une arme est toujours disposé à s'en servir, comme
elle développe en même temps l'habitude et le goût de la destruction, s'il
arrive que deux de ces groupes se rencontrent chassant sur le même terrain, ou qu'une contestation s'élève sur leurs droits respectifs, loin
d'éprouver une répugnance à en venir aux mains, ils s'y trouveront portés
par leurs instincts mêmes; et comme, dans une condition aussi précaire,
la moindre acquisition a une grande valeur, les vainqueurs ne manque-
ront pas de dépouiller les vaincus. — Notre sauvage sera donc batailleur,
sanguinaire quelquefois, et pillard à l'occasion. De là au brigandage sys-

tématique qui consiste à tuer pour voler, il n'y a qu'un pas : ce pas, il l'a franchi.

On pourrait pousser beaucoup plus loin ce système de déductions, et l'appliquer à chacun des caractères des races qui nous occupent. Mais tel n'est pas l'objet que nous nous proposons ici.

Toutes ces populations sont donc essentiellement nomades. Ainsi l'introduction du cheval dans leurs pays a-t-elle été pour elles un véritable bienfait et a-t-elle apporté de notables changements, non pas dans leur genre de vie, mais dans leur manière de s'y livrer. En possession de ce précieux auxiliaire, qui leur permet de franchir promptement de grandes distances, et qui leur facilite la capture d'un gibier qu'ils ne pouvaient auparavant se procurer qu'à grand'peine et à force de stratagèmes, Patagons, Aucas, Puelches sont devenus plus voyageurs, plus vagabonds que jamais. Les premiers chevaux, on s'en souvient, furent débarqués en Amérique par Mendoza, dans la province où il bâtit Buenos-Ayres, vers le milieu du XVIe siècle, et se multiplièrent rapidement. Depuis cette époque, les indigènes n'ont presque plus marché, pareils en cela aux Indiens du *Far-West*, avec lesquels, d'ailleurs, ils présentent plus d'un point de ressemblance. Ce sont d'infatigables cavaliers, pouvant, en cas de danger, s'ils sont poursuivis, galoper depuis le lever jusqu'au coucher du soleil, sans autre repos que le temps nécessaire pour quitter leur monture épuisée et enfourcher le second cheval qu'ils tiennent toujours en main à cet effet ; et encore n'est-il pas rare que les Aucas exécutent ce changement en s'élançant d'un cheval sur l'autre, sans mettre pied à terre et sans ralentir leur allure. Ces sauvages, en effet, sont d'incomparables écuyers, beaucoup plus sveltes et plus actifs que les Patagons, et accomplissant sans peine les plus audacieux tours de voltige.

La chasse, nous l'avons vu, est leur principale occupation ; mais ce n'est pas la seule, ni leur unique ressource. Ils ont encore la rapine et la

guerre. Les Puelches et les Aucas, surtout ces derniers, sont d'incorri-
gibles pillards et de redoutables ennemis pour les colons éloignés des
grandes villes. Lorsqu'ils entrevoient la perspective d'une expédition qui
semble devoir être fructueuse et sans danger, ils se réunissent en une
bande nombreuse, s'arment, montent à cheval, et par une nuit obscure,
car ils ne procèdent jamais que par surprise, s'approchent sans bruit de
l'*estancia* ou du village qui fait leur objectif; puis, arrivés à une faible
distance, ils s'élancent tout à coup en poussant des cris, se ruent sur les
maisons, et profitent du premier moment de trouble et de stupeur causés
par leur brusque attaque. Si leur surprise réussit, le soleil, le lendemain,
n'éclairera plus que des ruines fumantes et des cadavres mutilés. Mais si
l'éveil est donné à temps, s'ils trouvent les habitants sur leurs gardes, le
premier coup de fusil les dispersera, et quelle que soit la supériorité de
leur nombre, ils battront en retraite aussitôt, se contentant, s'ils le peuvent,
de s'emparer des bestiaux qu'ils entraîneront avec eux dans leur fuite
désordonnée.

Ils ont ainsi accompli de terribles ravages dans les établissements
espagnols pendant les premiers siècles de la colonisation, et ils continuent,
aujourd'hui encore, à exercer dans le pays leurs déprédations; mais les
rudes leçons qu'ils ont reçues à diverses reprises, notamment celle que
leur infligea Rosas, il y a une cinquantaine d'années, les ont rendus moins
aventureux : ils se bornent maintenant, en général, à des vols de bestiaux et à de simples maraudes; cependant ils n'en restent pas moins un
fléau pour les colons Hispano-Américains; et, le cas échéant, s'ils sont
assurés de l'impunité, ils ne reculent pas devant des actes de brigandage
à main armée.

Les Patagons, eux, échappent à ce reproche. Toutefois, il ne faudrait
pas, comme certains auteurs, leur en faire un mérite. S'ils ne sont pas
pillards comme leurs voisins, nous doutons fort que ce soit par vertu;

c'est plutôt parce qu'ils n'ont rien ou presque rien à piller dans leur pays où il n'y a pas d'établissements européens, et parce qu'ils trouvent plus d'avantage à trafiquer avec les Blancs qui abordent sur leurs côtes qu'à essayer de les dépouiller. Au fond, leurs instincts sont les mêmes, et ils en ont donné à l'occasion assez de preuves, ne fût-ce que contre les premiers colons de Punta-Areñas et de Port-Famine.

Leur manière de faire la guerre est la même que celle de presque tous les sauvages : pas de batailles rangées, des surprises, des escarmouches, des attaques soudaines, des retraites précipitées. Le Pampéen est brave, mais il ne voit aucun déshonneur dans la fuite; et quand il se sent le plus faible, il tourne bride et s'échappe de toute la vitesse de son cheval, ne s'arrêtant que lorsqu'il est à l'abri du danger. S'il se voit sur le point d'être atteint, ou lorsque toute retraite lui est coupée, il se retourne et fait tête comme le sanglier forcé par les chiens. Ne faisant jamais de quartier aux autres, il n'en attend pas pour lui-même, et quel que soit le nombre de ses agresseurs, il luttera comme une bête fauve, tant qu'il lui restera un souffle de vie. En parlant des guerres de Rosas, Darwin cite le fait d'un Indien renversé et mourant, mordant encore, dans son agonie, le pouce du soldat qui l'avait terrassé, et se laissant arracher l'œil par son adversaire exaspéré de douleur, plutôt que de lâcher prise.

Autrefois les guerres étaient presque journalières entre les tribus de races différentes, et même entre celles d'une même race : nous avons vu que c'était là une des conséquences de leur genre de vie. Aujourd'hui elles sont devenues plus rares. Un contact prolongé, des rapports passagers, mais fréquents, ont fini par établir une certaine entente entre les groupes divers, par effacer peu à peu l'animosité qui naissait de la différence des nationalités; et aux luttes sanglantes que durent soutenir les Aucas contre les premiers possesseurs du sol, à l'hostilité qui divisait les Puelches et les Téhuelches, ont succédé des relations, peu suivies sans doute, mais amicales, auxquelles il faut attribuer l'uniformité que l'on remarque dans les coutumes et les pratiques des uns et des autres. Les Aucas ont joué en ceci un rôle important. Ce sont eux qui ont apporté dans les plaines et transmis d'abord aux Puelches ces vestiges de la civilisation péruvienne qu'on retrouve parfois, défigurés mais encore reconnaissables, dans la langue, dans les croyances, dans certains usages de ces populations, jusqu'à l'extrémité de la Patagonie, et dont on a peine à s'expliquer l'existence si loin de leur berceau. Ils les ont empruntés à leurs frères d'origine les Araucanos, soumis jadis par l'inca Yupangui, et qui conservent encore quelques vagues traces des rapports qu'ils eurent avec leurs vainqueurs. Les Puelches, à leur tour, ont servi d'intermédiaires entre eux et les Patagons. Plus tard, ce sont encore les Aucas qui, s'étant trouvés les premiers en contact avec les Espagnols, apprirent à leurs voisins ces quelques mots castillans qu'ils s'approprièrent aussitôt, et que les anciens navigateurs furent si surpris de trouver, aux environs du détroit de Magellan, dans la bouche d'indigènes qui n'avaient jamais rencontré d'Espagnols. — On sait déjà que c'est par eux aussi que s'introduisit chez les Téhuelches l'usage du cheval.

Mais, si la bonne intelligence règne aujourd'hui, d'une manière au moins relative, entre les indigènes; si, comme on l'affirme, ils sont vis-à-vis les uns des autres serviables, honnêtes, esclaves de leurs promesses, prêts à se soutenir mutuellement, tout autre est leur attitude vis-à-vis des Européens ou des Hispano-Américains. Dans leurs rapports avec ceux-ci, en effet, ils se montrent défiants, fourbes, voleurs, de mauvaise foi, et l'on sent toujours chez eux, même chez ceux qui trafiquent le plus habituellement avec les étrangers, un antagonisme mal dissimulé contre le civilisé, une sourde et vivace haine contre l'homme blanc, — l'intrus qui s'est installé sur leur sol, l'ennemi implacable qui les a traqués comme des bêtes malfaisantes, l'envahisseur détesté qui est venu les troubler dans leurs déserts et qui a voulu leur imposer son joug. Qu'on ne l'oublie pas, en effet, toutes les populations de cette partie de l'Amérique sont encore aujourd'hui, malgré tous les efforts faits pour les réduire, aussi libres qu'avant la conquête. La Patagonie n'a jamais tenté les *conquistadores*, qui n'ont eu garde de s'aventurer dans ses solitudes, et les colons actuels n'ont guère songé à contester aux habitants la possession de leurs déserts arides. Quant aux Pampas, si elles sont marquées sur la carte comme faisant partie de la République Argentine, il n'en est rien en réalité. Jamais les Espagnols, jamais les Argentins n'ont eu le droit de se dire les maîtres du pays. Ils ont pu y faire des incursions à diverses époques, y établir des postes militaires, y construire çà et là des groupes de misérables cabanes auxquels on a donné des noms pompeux de villes; mais, sauf quelques lieues de terrain sur les frontières, peuplées de rares colons, ils n'ont fait que passer sur cette terre peu propice, sans laisser derrière eux autre chose que des traces éphémères aussitôt effacées; et quant aux *Gauchos*, d'ailleurs peu nombreux, que l'on rencontre dans l'intérieur, s'ils ont du sang blanc dans les veines, il est bien difficile de vouloir voir en eux des civilisés.

Mais si ces Indiens ont gardé leur indépendance, il a fallu qu'ils la défendissent, et l'on peut dire, certes, qu'ils l'ont chèrement achetée. — Lorsque les Espagnols, après avoir conquis et dévasté le Pérou, descendirent vers le sud en suivant la chaîne des Andes, ils rencontrèrent sur leur passage les Araucanos, qui occupaient alors les vallées du Chili jusqu'à Coquimbo. Ils crurent pouvoir soumettre ces nouveaux adversaires comme ils avaient soumis les premiers; mais ils se heurtèrent là à une résistance qu'ils ne purent surmonter. C'est qu'ils se trouvaient cette fois en présence d'un peuple chasseur, et non plus d'une population de pasteurs et d'agriculteurs comme celles auxquelles ils avaient

eu affaire jusque-là. Un peuple agriculteur et sédentaire est toujours d'un
caractère doux, soumis et pacifique, et courbe facilement la tête sous un
joug étranger. Mais un peuple chasseur, qu'il soit montagnard ou nomade,
emprunte à son genre de vie un tempérament guerrier et batailleur, un
esprit fier, hardi, hautain, indépendant, qui se révolte contre toute con-
trainte, et ne renoncera jamais, dût-il se laisser anéantir, à sa liberté. —
C'est là une loi universelle : les Espagnols l'ont éprouvé dans l'Amérique du Sud comme les Anglo-Saxons dans l'Amérique du Nord, et
l'histoire de toutes les conquêtes analogues nous offre des exemples
semblab es.

Dans cette lutte pour leur indépendance, chantée par Ercilla
dans un poëme célèbre, les Araucanos déployèrent une grande bravoure, une énergie indomptable contre lesquelles se brisèrent tous les
efforts des Espagnols : bien que contraints de reculer et refoulés jusqu'au delà du rio Maule, leur opiniâtreté lassa leurs assaillants qui,
désespérant d'avoir raison de cette résistance, finirent par abandonner
une tentative dont ils comprirent l'inutilité. — Ce que la violence
n'avait pu faire, la persuasion ne l'accomplit pas mieux; l'évangile ne
réussit pas plus que les mousquets, et le zèle persévérant des missionnaires échoua, comme la fougueuse ardeur des soldats, contre l'obstination
farouche de ces sauvages rebelles à toute domination.

Les Aucas et les Puelches eurent, à leur tour, à soutenir de fréquents combats contre les Espagnols, après que ceux-ci se furent éta-
blis dans la région de Buenos-Ayres et sur divers points du littoral,
— combats dans lesquels ils firent preuve des mêmes vertus guer-
rières, de la même horreur de l'asservissement que leurs frères des
montagnes. De toutes les expéditions qui furent dirigées contre eux,
la plus formidable, sans contredit, est celle qu'on a appelée la *Guerre
de Rosas*, et qui, commencée vers 1832, se prolongea pendant plusieurs

années consécutives. Parmi tant de figures odieuses que nous présente l'histoire moderne de l'Amérique du Sud, celle de ce Rosas est assurément une des plus sinistres.

Résolu à purger le pays des brigands indigènes qui l'infestaient, il apporta à l'accomplissement de cette tâche, louable et nécessaire au fond, la froide cruauté qu'il devait, quelques années plus tard, déployer avec un surcroît de raffinements, contre ses propres compatriotes. A la tête d'une armée nombreuse — et quelle armée! un ramassis de bandits, nous dit Darwin, qui a vu de près le général et ses acolytes, — et avec l'aide de six cents Indiens alliés, il entra en campagne, procédant par une extermination systématique. Son plan consistait à chasser toutes les tribus vers un point central où il se proposait de les écraser, et afin que ceux qu'il traquait ainsi, ne pussent sortir des mailles du filet dont il les enveloppait, il s'était entendu avec les Téhuelchés des bords du rio Negro pour qu'ils empêchâssent les fugitifs de passer le fleuve, s'engageant à leur payer une certaine prime pour chaque ennemi tué par eux. Son premier principe était de n'accorder aucun quartier, et pour donner une idée de la manière dont était conduite cette guerre sauvage, il suffira de citer un seul fait. Tous ceux qui tombaient vivants entre les mains des blancs étaient immédiatement passés par les armes; seuls les enfants étaient épargnés, et gardés pour servir de domestiques, ou plutôt d'esclaves. Les femmes elles-mêmes, au-dessus de vingt ans, étaient massacrées de sang-froid, et comme ur jour, quelqu'un protestait au nom de l'humanité contre cette loi barbare « Que voulez-vous? répondit tranquillement Rosas. Ces sauvages on tant d'enfants! »

Aucune voix, d'ailleurs, ne s'éleva parmi les Espagnols pour flétri de pareils actes; aux yeux de tous, cette guerre implacable était la plu juste des guerres, parce qu'elle était dirigée contre les Indiens.

Ceux-ci furent décimés, mais non soumis. Beaucoup réussirent i échapper au sort qu'on leur réservait, soit en s'enfuyant au delà du rio Salado, soit en se réfugiant dans des retraites inaccessibles, et dès que les bandes de Rosas eurent quitté le pays, ils y rentrèrent et reprirent leur ancienne existence. Cette rude leçon, comme nous le disions tout à l'heure, les a rendus moins entreprenants; mais ils ont conservé toute leur indé-pendance, et sont encore, quoi qu'on en dise, les vrais et les seuls maîtres de la pampa, comme les Téhuelches le sont de la Patagonie (1). — Le resteront-ils? C'est probable.—Les Espagnols se trouvent vis-à-vis d'eux à peu près dans la même situation que les Anglo-Saxons vis-à-vis des Peaux-Rouges, dans le Far-West. Mais outre que la contrée n'offre ici que de maigres ressources, mal faites pour tenter l'Européen, les Espagnols — non plus d'ailleurs que les autres peuples de race latine — ne possè-dent pas cette force d'expansion qui caractérise les races anglo-saxonnes; leurs colonies ne portent pas en elles les éléments d'un développement rapide, ni même d'un développement quelconque; ils n'ont pas l'énergie, la ténacité, l'esprit essentiellement pratique dont sont doués à un si haut degré les Anglais et les Américains des États-Unis; ils ne savent pas, comme ceux-ci l'ont fait et le font chaque jour avec tant de persévérance, d'habileté et de succès, s'implanter dans le pays où ils s'établissent, y prendre racine en quelque sorte, et éliminer peu à peu, par toute sorte de moyens avoués ou inavoués, la population originaire qui les gêne, de manière à s'y substituer graduellement et à se trouver enfin les maîtres incontestés du pays dépeuplé.

Le seul système de colonisation, d'exploitation plutôt, qu'aient jamais pratiqué les Espagnols, consiste à asservir les indigènes et à les faire travailler et produire pour eux, quitte à les remplacer, quand il n'y en a plus, par des noirs, qui ont la vie plus dure.

(1) Les Espagnols désignent communément sous le nom de « Indios bravos », ceux qui sont restés indépendants.

Mais cette ressource leur fait défaut ici, — et c'est ce qui explique la rapide décadence de la plupart des établissements qu'ils ont essayé de fonder dans cette partie de l'Amérique du Sud et le peu de prospérité de ceux d'entre eux qui ont survécu.

Tous les Indiens, cependant, ne sont pas aussi intraitables : il y en a, et le nombre en est même assez grand, qui se sont rapprochés volontairement des blancs et qui vivent presque au milieu d'eux, campés aux environs et jusque dans les faubourgs des villes et des villages. Dans le voisinage de Patagones (Carmen) par exemple, on pourrait signaler l'existence d'un groupe relativement considérable de Téhuelches ainsi domestiqués. Nous disons « domestiqués » pour ne pas dire « civilisés »; car si on leur donne complaisamment ce titre, ils sont loin de le mériter. Toute leur « civilisation » se borne à avoir perdu peut-être un peu de leur férocité, perte compensée amplement par ce qu'ils ont gagné en vices et en immoralité. Ce n'est pas eux assurément qui contribueront jamais au progrès de la colonisation et à l'enrichissement des colons. Retenus près des villes par les besoins nouveaux qu'ils se sont créés et qu'ils ne trouvent à satisfaire que là, mais paresseux à l'excès et se refusant au moindre travail manuel, c'est le gouvernement local qui pourvoit, pour la plus grande part, à leur subsistance, moins par sollicitude pour leur bien-être, probablement, que par crainte de voir ces incommodes voisins se charger eux-mêmes de ce soin. En échange, ils rendent quelques services aux blancs, jouant le rôle de courriers, d'espions, d'interprètes, servant d'intermédiaires entre eux et les tribus vagabondes auxquelles ils appartiennent : d'une fidélité quelque peu douteuse, d'ailleurs, dans l'accomplissement de ces fonctions, et ne se faisant pas scrupule de trahir alternativement les uns et les autres, tantôt en prévenant les Espagnols des expéditions projetées par les leurs, tantôt en avertissant ceux-ci de l'occasion favorable pour tenter un coup de main.

Suspects à leurs alliés, ils ne le sont pas moins à leurs compatriotes, qui les méprisent et les traitent en parias. — Ce n'est donc pas par eux qu'il faut juger de la race, ni chez eux qu'on doit aller chercher des observations pour la connaître, car ils ont contracté, à ce contact étranger, des habitudes nouvelles qui ont plus ou moins altéré leur caractère originaire.

Or il est peu de peuplades sauvages dans les mœurs desquelles le voisinage des blancs ait apporté moins de changements, que les tribus de cette région qui sont restées indépendantes. Sauf, bien entendu, la révolution opérée par l'acquisition du cheval, aucune modification notable ne s'est produite dans leurs usages primitifs depuis que les Espagnols ont mis le pied dans leur pays, et elles sont demeurées aujourd'hui telles qu'elles étaient avant la conquête.

Leur organisation sociale est des plus simples. Les nécessités de leur existence nomade les obligent à vivre par petits groupes qui se réunissent, en cas de besoin, pour une guerre ou pour une grande battue, mais qui, en temps ordinaire, se tiennent à l'écart les uns des autres. Plusieurs de ces groupes constituent une tribu à la tête de laquelle se trouve placé un chef, qu'on appelle cacique. Mais ce chef — généralement le plus fort, le plus brave ou le plus éloquent — ne possède une autorité réelle que pour la guerre : une fois celle-ci terminée, il redevient presque l'égal de ses compagnons, et chacun des groupes de la tribu reprend son indépendance. La liberté individuelle est d'ailleurs portée très loin, et n'a d'autre limite que la liberté du voisin ; il n'existe aucune loi répressive, et chacun se fait justice lui-même. Chez les Aucas pourtant, on rencontre parfois des formes de gouvernement un peu plus compliquées : le cacique est héréditaire, et il y a un conseil, composé des sorciers et des anciens de la tribu, qui se réunit dans les cas graves et rend des espèces de jugements.

L'autorité paternelle qui, chez certaines races sauvages, joue un rôle si important, ne semble pas être ici bien puissante. Pourtant les vieillards sont respectés, et la famille organisée. Elle repose sur la polygamie, le nombre des femmes étant proportionné à la richesse de chacun. Les mariages, en effet, se concluent le plus souvent par un achat et sans que la volonté de la femme soit toujours consultée.

Quelquefois une fille est ainsi fiancée très jeune, moyennant le versement d'une partie du paiement, et lorsqu'elle atteint l'âge nubile — vers quatorze ou quinze ans — elle est, de gré ou de force, livrée à l'acquéreur. Il peut arriver qu'elle résiste, quand l'union lui déplaît : dans ce cas, si elle fatigue trop son mari de ses plaintes et de son humeur acariâtre, celui-ci peut s'en débarrasser en la rendant à ses parents — contre restitution — ou en la vendant à un autre. Mais il est rare qu'il la brutalise.

Les femmes sont en général bien traitées; mais leur condition n'en est pas plus relevée. — La civilisation seule dispense la femme des travaux pénibles et lui accorde le respect auquel elle a droit; mais dans les sociétés inférieures, elle est toujours réduite plus ou moins au rôle de bête de somme.

Les hommes se battent, vont à la chasse, dressent les chevaux, fabriquent ou réparent leurs objets de sellerie et leurs armes, exercent les enfants à l'équitation et au maniement des armes.

Le soin de tout le reste est abandonné aux femmes, même celui de transporter les fardeaux les plus lourds, d'écorcher le gibier et de préparer les peaux. Elles sont robustes, du reste, et s'acquittent facilement de leur tâche; ce sont aussi d'habiles écuyères, et il n'est pas rare de les voir se mêler aux guerriers et prendre une part active à leurs combats.

Les enfants sont, au dire de Falkner, l'objet d'une grande tendresse de la part de leurs parents. Ce missionnaire, qui a passé de nombreuses années parmi les Patagons, cite de singuliers exemples de la condescendance, de la faiblesse même qu'ils témoignent vis-à-vis d'eux, et il rapporte, entre autres faits, celui d'une tribu tout entière quittant le lieu où elle était campée pour satisfaire le caprice d'un enfant.

Ces Indiens peuvent donc être considérés comme de très bons pères et de très bons maris ; toutefois, malgré ces excellentes dispositions apparentes, ils sont terribles dans leurs emportements, et la violence de leur caractère peut les entraîner aux dernières brutalités. Aussi Fitz-Roy a-t-il soin de rappeler à ce propos le dicton espagnol : « Nunca, nunca fiarse de los Indios ».

Leur industrie est très rudimentaire. Les progrès de celle-ci dépendant essentiellement de ceux de la civilisation et ne pouvant se produire qu'au sein des grandes sociétés et sous l'empire d'un gouvernement stable, on ne doit évidemment pas s'attendre à la trouver bien développée chez ces populations. Elle se borne à peu près à la fabrication des armes et des harnachements — très simples, du reste — à la préparation des cuirs, à la confection des vêtements de fourrure. Il est à observer que ce sont les seuls de tous les Américains qui ne connussent pas la poterie à l'époque de la conquête. Ils faisaient usage de vases de bois et de vessies. Les Araucanos, grâce aux notions qu'ils ont acquises dans leurs rapports avec les Péruviens, sont un peu plus avancés : ils connaissent notamment l'art de tisser et fabriquent, avec le poil des guanacos, des étoffes recherchées des Européens.

Les seuls animaux domestiques qu'ils possèdent sont le cheval et le chien. Quoique les Aucas aient des bestiaux, produit des razzias qu'ils opèrent dans les estancias, ils ne savent pas les soigner ni en tirer profit, et ils les traitent de la même façon que leurs troupes de chevaux à demi sauvages, les laissant vivre et se multiplier à l'aventure, et se bornant, lorsqu'ils changent de résidence, à chasser devant eux ce qu'ils ont pu en réunir. Les Araucanos, aujourd'hui sédentaires, sont les seuls qui soient réellement devenus des pasteurs.

Leur costume se compose d'une pièce de cuir fixée à la taille, dont l'extrémité, en pointe, passe entre les jambes et vient se rattacher par derrière à la ceinture, et d'un large manteau carré (manuhé), long de huit pieds et presque aussi large, dans lequel ils se drapent ; mais lorsqu'ils ont à se livrer à quelque exercice violent, ils s'en débarrassent, ou se contentent de le détacher du haut, restant ainsi le torse nu. Ce manteau est composé de peaux cousues ensemble avec des tendons d'autruche. On en voit en fourrures de différentes espèces, en peaux de renard, de mouffette, de skunk, de puma, de loutre, de phoque et même de chien et de poulain ; mais le plus souvent il est en peaux de guanacos, et les parties de la dépouille employées de préférence, sont le dessous du cou et les jambes, dont la couleur est d'un fauve clair tacheté de blanc. La partie intérieure du manuhé est décorée de dessins peints sur le cuir en couleurs brillantes, et ces dessins, au lieu d'être des représentations plus ou moins grossières de la nature, ainsi qu'on pourrait le penser, sont des ornements régulièrement tracés, dont la disposition rappelle celle des grecques. — Comme les vestes en peaux de mouton brodées intérieurement de nos paysans bretons, ce manteau se porte tantôt à l'endroit et tantôt à l'envers, selon qu'il fait froid ou chaud. — Des bottes ou plutôt des guêtres formées chacune de la dépouille d'une jambe de cheval, et dont le large évasement inférieur donne au pied ces énormes dimensions apparentes qui avaient frappé les premiers voyageurs, complètent le costume des hommes.

Celui des femmes, plus compliqué, se compose d'une pièce de peau qui va, par devant, de la ceinture au genou, puis d'une seconde pièce semblable qui enveloppe le corps depuis les aisselles jusqu'aux genoux ; par-dessus, d'un manteau pareil à celui des hommes. Elles portent leurs cheveux flottants sur les épaules, séparés au milieu ou réunis en deux queues, et les ornent de verroteries, de coquillages ou de boules de métal. Les hommes attachent habituellement les leurs avec une bandelette de cuir.

Le costume des Aucas est quelquefois semblable à celui des Patagons ; mais plus souvent il est pareil à celui des Araucanos. Il est alors composé, pour les hommes, d'un poncho, le vêtement bien connu qui se rencontre dans presque toute l'Amérique du Sud, et d'un chilipa, pièce d'étoffe qui tombe de la ceinture au genou et fait le tour du corps ; — pour les femmes, d'une pièce de tissu qui s'attache aux aisselles, et d'une autre qui couvre les épaules, retenue en avant par une épingle (le topu des anciens Péruviens).

Hommes et femmes se peignent le visage. Les couleurs ordinairement usitées sont le noir, le rouge et le blanc, cette dernière réservée pour le costume de guerre. Il règne une grande diversité dans les dessins de ce badigeonnage ; toutefois il est de règle que le rouge se place toujours entre les yeux et la bouche, à l'exception d'un espace au-dessous de la paupière inférieure, réservé au noir. — Cette mode ne contribue pas peu à les défigurer et à les faire paraître encore plus laids qu'ils ne le sont naturellement.

Tous ces Indiens, les Patagons surtout, aiment la toilette, et font preuve de goût et d'un certain sentiment artistique dans leur manière de se draper et dans l'agencement calculé des amples plis de leur manteau. Ils ont une prédilection toute particulière pour l'argent, et leur principal orgueil est de posséder un harnachement de ce métal. Darwin raconte avoir vu un cacique auca ainsi équipé : ses éperons, ses étriers, la poignée de son couteau étaient d'argent massif ; les rênes même de son cheval étaient en fil d'argent. — Ils se procurent ce métal soit par l'intermédiaire de leurs compatriotes sédentaires fixés près des villes, soit par leurs échanges directs avec les Espagnols ou les commerçants qui abordent sur les côtes.

Dans ces échanges, ils troquent des fourrures et de la viande fraîche contre des armes, couteaux, sabres et fusils, des ustensiles de fer, des spiritueux et surtout des objets de parure. Ils déploient, d'ordinaire, dans ces relations commerciales avec les blancs, une grande perspicacité et se laissent rarement duper ; quant au titre de l'argent qu'ils achètent, ils sont singulièrement experts, et le juif le plus retors ne réussirait pas à les tromper. La loyauté d'ailleurs n'est pas leur fait, et lorsque les circonstances leur fournissent la possibilité d'imposer leurs conditions, ils ne manquent pas d'en user et d'en abuser.

Leur nourriture, presque exclusivement animale, leur est fournie principalement par le guanaco et l'autruche, à moins qu'ils n'aient, comme les Aucas, des bestiaux à leur disposition. Le cheval entre aussi pour une bonne part dans leur alimentation et la chair de jument est préférée à toutes les autres. Ils mangent la viande crue sans aucune répugnance, quoiqu'ils l'aiment mieux cuite. Lorsqu'ils peuvent se procurer du feu, chose qui n'est pas toujours facile dans un pays comme la Patagonie, où le combustible est rare et ne peut être remplacé que par de la bouse desséchée et des débris animaux, ils font griller leur viande. Ils ont un goût prononcé pour les substances grasses, qui leur sont nécessaires, d'ailleurs, et dont il leur faut absorber une forte proportion pour atténuer les effets d'une alimentation trop azotée. Aussi le suif et la graisse, même rances, sont pour eux un régal. Ils font généralement fondre la graisse de jument et d'autruche et la conservent dans des vessies;

celle du guanaco se mange crue. Ils recherchent les œufs d'autruche, ainsi que les perdrix dont la capture est dévolue aux enfants, et ils se montrent très friands de sel, qu'ils mêlent abondamment à tous leurs aliments.

Il arrive parfois que les Patagons, lorsque leurs pérégrinations les conduisent au bord de la mer, recueillent des coquillages et même se nourrissent de poisson ; nous aurons occasion de revenir sur ce point.

Les seuls végétaux qui figurent au nombre de leurs aliments, sont deux espèces de racines : l'une, nommée tus par les Patagons, est un tubercule qui, épluché et rôti, devient farineux comme l'igname, mais elle est peu répandue ; l'autre, appelée chalas, est blanche, allongée comme un tuyau de plume, et sert à faire une décoction à l'usage des femmes et des malades. Cette décoction est, avec le jus de l'épine-vinette mélangé d'eau, leur unique boisson. Avant l'arrivée des Espagnols ils ne connaissaient pas les boissons fermentées, et, à l'inverse de la plupart des sauvages, il semble que la majorité d'entre eux ne les aiment pas, au moins parmi les bravos ; car les Indiens alliés ont pris des habitudes d'intempérance, et c'est leur passion pour les spiritueux qui est le principal motif qui les retient près des établissements européens.

Tous sont de grands mangeurs, mais ils supportent, sans paraître en souffrir, les plus dures privations.

Leurs armes, tout en étant d'une très grande simplicité, comme tous les produits de leur industrie grossière, ont plus d'efficacité qu'on n'en trouve en général dans celles de peuples aussi barbares. La plus célèbre et la plus répandue dans cette partie de l'Amérique, est celle que les Espagnols ont appelée bolas. Tout le monde connaît, pour en avoir lu vingt fois la description, la nature de cette arme et la manière de l'employer. On sait qu'elle se compose de deux lanières d'égale longueur réunies bout à bout et terminées chacune par une pierre arrondie, du poids d'une livre environ. Le chasseur saisit les deux courroies à leur point de réunion, et imprime aux deux pierres un violent mouvement de rotation en les faisant tournoyer rapidement au-dessus de sa tête ; puis, quand la force de projection acquise est suffisante, il les lance dans la direction voulue. Grâce à ce jet, si simple en apparence, mais qui exige un calcul rigoureux de l'esprit, une extrême justesse de coup d'œil et une rare habileté de main, l'Indien abat à coup sûr, même au galop de sa monture, l'autruche, le guanaco, le cheval, voire même l'homme, qu'il vise toujours aux jambes et qui tombe comme foudroyé, arrêté subitement dans sa course par le brusque enroulement des lanières autour de ses membres. A une distance de cinquante mètres, cette arme a encore assez de force pour que les courroies, en s'enroulant, laissent une profonde entaille dans l'objet qu'elles atteignent. — Quelquefois, au lieu de deux boules, il y en a trois, ou même un plus grand nombre (1). Les Patagons emploient aussi la bola perdida, boule unique attachée à l'extrémité d'une courroie libre, qui, de loin, est lancée comme une pierre de fronde, et de près, fait l'office de casse-tête. — La longueur des lanières varie entre 2 et 4 mètres. Les boules sont généralement en pierre ; mais, dans les Pampas, elles sont souvent formées de terre durcie, cousue dans un morceau de cuir frais. Les boules en fer, quand on peut s'en procurer, sont préférées à toutes les autres, car elles portent plus loin.

Les bolas sont l'arme par excellence de toutes les tribus de cette région ; jamais on ne voit un Indien se séparer des siennes ; s'il ne les

(1) Les bolas doubles s'appellent somaï en patagon ; celles à trois lanières, atchico. — Les boules portent le nom de tapolec.

tient pas à la main, il les porte roulées autour de son cou ou de sa ceinture.

Une autre arme également redoutable, est le chuzo. C'est une longue lance en roseau, qui ne mesure pas moins de 16 à 18 pieds, et qui est terminée par un fer de 30 centimètres. A un ou deux pieds au-dessous du fer, est fixé un panache en plumes d'autruche, rouges pour les caciques et blanches pour les chefs secondaires. Cette arme est particulière aux Aucas qui, malgré ses dimensions, la manient avec une grande adresse. Les Puelches la leur ont empruntée, sauf toutefois les distinctions des panaches ; mais les Patagons ne s'en servent jamais. — Presque tous possèdent aujourd'hui, outre le lazo, qui est d'un usage fréquent, des couteaux et des sabres de provenance européenne. Très peu se servent du fusil, bien qu'ils en connaissent le maniement, mais ils préfèrent, surtout pour la chasse, les bolas qui leur suffisent et qui ont l'avantage de ne pas faire de bruit.

Il faut remarquer que ni les Patagons ni leurs voisins des Pampas, n'emploient l'arc aujourd'hui, et, bien qu'on ait retrouvé des pointes de flèches en silex du côté de la sierra Ventana, Azara doute qu'ils l'aient jamais employé (1). L'ignorance, chez ces populations, d'un instrument qui semble être l'arme primitive de toutes les races, s'explique suffisamment par l'absence de tout bois propre à sa fabrication. C'est également le défaut de bois qui les a empêchés de devenir navigateurs, en ne leur permettant pas de construire des canots, et qui a fait d'eux un peuple d'habitudes exclusivement terrestres et redoutant l'eau.

Étant donnés leurs goûts vagabonds, leurs déplacements fréquents,

(1) Dans la relation de Pigaffetta, dont nous avons eu occasion de parler plus haut, il est fait mention des flèches empoisonnées que lançaient les Patagons. Mais il ne faut voir là qu'une autre de ces fables inventées par Magellan et ses compagnons, pour exagérer les dangers qu'ils avaient courus.—V. plus haut, page 119.

et la nécessité où ils se trouvent parfois de se transporter rapidement d'un point à un autre, leurs habitations doivent être de nature à se prêter à leur genre de vie. Elles consistent, en effet, en de simples tentes ou toldos, cow en patagon, faites de peaux cousues ensemble avec des tendons d'autruche — le seul fil de ces régions.

Ces tentes, chez les Aucas, sont rondes et ont la forme d'un four. A l'entrée de chacune est planté en terre le long chuzo du propriétaire. Dans les campements nombreux, elles sont réparties en groupes séparés, appartenant à la tribu respective des différents caciques ; ces groupes se subdivisent à leur tour, en d'autres plus petits, dans lesquels se rapprochent les membres d'une même famille.

Chez les Patagons, elles affectent plutôt la forme d'un auvent. Hautes de 6 ou 7 pieds par devant, elles s'inclinent comme un toit et n'ont guère plus de 2 pieds en arrière. L'ouverture est toujours tournée du côté de l'Orient, à cause de la prédominance des vents d'Ouest. L'intérieur mesure en général une douzaine de pieds sur 9. Quelquefois, cependant, elles prennent des dimensions beaucoup plus grandes : il y en a qui ont 4 ou 5 mètres de large sur 8, 10 et même 12 de longueur. Elles servent alors d'abri à une famille tout entière. — Si l'on pénètre — en se courbant — dans une de ces huttes, on n'y verra pour tout ameublement, que les armes du guerrier et quelques ustensiles : des vases de bois et des vessies, une marmite de fer, des fourrures et des cuirs tannés ou encore frais, et parfois aussi, un berceau, simple pièce de cuir suspendue par les quatre coins, où sommeille un enfant.—En voyage, les enfants sont portés sur le dos de leur mère, dans une espèce de capuchon, ou bien mis dans une sorte de sac en peau, qui s'attache à l'arçon de la selle.

Nous avons vu ce qu'il fallait penser des qualités morales de ces Indiens ; leurs caractères intellectuels sont aisés à déterminer. Confinés dans les préoccupations de la vie matérielle, leur intelligence inculte n'est

guère capable de s'élever à des objets plus hauts et plus abstraits. Pourtant, ils sont loin d'être à un niveau aussi bas que beaucoup d'autres
races qui peuplent les régions encore sauvages de notre globe. L'entendement et la finesse dont ils font preuve, ainsi que nous le disions, dans
leurs relations commerciales avec les blancs, l'instinct artistique qui se
révèle dans certaines de leurs modes, l'influence puissante qu'exerce sur
leur esprit le charme de la parole dans quelques tribus Aucas, où le
meilleur orateur est proclamé le chef et où les poètes, véritables
rhapsodes primitifs, sont respectés à l'égal des sorciers—tout cela témoigne
chez eux d'une intelligence susceptible de culture, mais dont leur indo-
lence naturelle et leur paresse native entravent le développement ultérieur.

Leurs conceptions religieuses se ressentent de cet état de leur esprit,
et sont, débarrassées de toutes les superfétations qu'y greffent les superstitions, d'une grande simplicité. D'après Falkner, ils seraient polythéistes
et admettraient deux génies supérieurs, l'un bon, l'autre mauvais. Mais
en réalité, ils ne croient — la grande majorité, du moins — qu'à
l'existence d'une seule divinité, la même, sous les noms divers de Achekenat-Kanet, Walichu et Quecubu, que lui donnent respectivement les
Patagons, les Puelches et les Araucaniens (1).

Cette divinité, malfaisante sans motif, bonne sans nécessité, n'obéis-
sant qu'à son caprice pour favoriser ou maltraiter les hommes, leur
inspire plus de crainte que d'amour : aussi, par leurs prières et
par leurs sacrifices, cherchent-ils bien moins à s'attirer ses bienfaits
qu'à détourner sa colère. C'est donc, on le voit, une religion de

---

(1) Ces noms diffèrent notablement suivant les auteurs ; mais ce ne sont que des différences de notation, qui ne peuvent laisser de doutes sur l'identité du personnage auquel
elles se rapportent. Il est évident que le mot Atskannakanatz qu'emploie Falkner, est le
même que Achekenat-Kanet, de d'Orbigny. — Pour Walleechu, Valichu et Gualichu,
l'analogie est encore plus claire.

terreur — comme le sont au fond, plus ou moins, toutes les religions. Les cérémonies de ce culte sont peu compliquées : elles se bornent à des offrandes, à des sacrifices propitiatoires, dans lesquels ce sont des chevaux qui servent, le plus souvent, de victimes. Ils n'ont pas de représentations matérielles de leur divinité ; mais, d'après quelques indices, il est permis de penser qu'ils regardent certains arbustes comme lui étant spécialement consacrés — une manière d'autel où ils vont déposer leurs offrandes. Darwin a vu, près de Bahia Blanca, un arbre auquel étaient ainsi suspendus d'innombrables objets de toute nature, depuis des morceaux d'étoffes jusqu'à des cigares, et dont les environs étaient parsemés d'ossements de chevaux immolés.

Ils croient aussi à une existence d'outre-tombe. Quelles idées professent-ils au sujet de l'âme, la regardent-ils comme matérielle ou comme immatérielle, comment expliquent-ils sa transmission — il est bien difficile de le dire. On n'est même pas d'accord sur la façon dont ils se représentent le monde futur, et sur le genre de félicité qu'ils s'y promettent (1). Toutefois leurs croyances sur ce point doivent être analogues à celles des autres races qui ont le même genre de vie, et ils conçoivent sans doute le lieu où ils iront après leur mort, comme une autre terre où ils continueront, dans l'abondance et le plaisir, leur existence présente. Leur coutume de tuer, sur la tombe du guerrier défunt, ses chevaux préférés et d'enterrer avec lui ses armes, suffirait à le prouver. D'ailleurs, l'idéal de tout peuple primitif n'est-il pas celui-là ? Ce n'est

---

(1) Falkner prétend que, suivant les Patagons, cette félicité consisterait à être toujours ivre. — Ceci n'est guère probable, car il faudrait admettre qu'ils connaissaient les boissons fermentées avant l'arrivée des Espagnols : et d'ailleurs, comme nous avons eu occasion de le faire remarquer plus haut, le témoignage de presque tous les voyageurs établit que les Patagons, au moins ceux du détroit de Magellan, manifestent plutôt de l'aversion que du goût pour les spiritueux.

que quand l'homme a acquis un certain degré de civilisation qu'el'on voit apparaître les conceptions abstraites et les aspirations mystiques.

A ces dogmes principaux—si ce mot de dogmes ne paraît pas ici une ironie — viennent s'ajouter une foule de superstitions. Dans l'esprit peu ouvert de ces hommes naïfs, les choses les plus simples prennent une forme surnaturelle ; tout ce qui échappe à leur faible entendement, ils l'expliquent par des sortilèges. Les souffrances, les maladies, la fatigue même, tous ces phénomènes inexpliqués qu'ils ressentent, sont produits en eux par des êtres malfaisants, de ces génies innombrables qui interviennent partout et qui animent toute la nature. Les sorciers seuls — les prêtres de ces sociétés primitives—possèdent le don d'entrer en communication avec ces génies et de leur commander. Aussi jouissent-ils d'une considération sans bornes et d'un respect mêlé de terreur (1). Ce sont eux qui célèbrent les sacrifices dans les cérémonies importantes et qui rendent les oracles, avec un appareil qui rappelle étrangement les procédés de nos spirites. Ils remplissent aussi l'office de médecins, puisque les maladies relèvent directement de leur ministère. Leurs remèdes se bornent à des succions, des pressions sur diverses parties du corps, des exorcismes et autres jongleries; mais, grâce à la puissance de l'imagination, quand il a passé par ce traitement efficace, le malade est à moitié guéri — à moins qu'il ne succombe, ce qu'on attribue alors à la volonté expresse de Walichu. — Cependant, malgré l'autorité que possèdent les sorciers et les privilèges que leur vaut leur caractère sacré, leur profession n'est pas sans dangers. Qu'un chef meure, qu'une épidémie éclate, qu'un malheur quelconque frappe la tribu, et le sorcier court grand risque d'en être

---

(1) Les fonctions de sorciers sont quelquefois remplies par de vieilles femmes ; mais les hommes qui les exercent sont toujours habillés comme des femmes. C'est ce travestissement qui a fait croire à plusieurs voyageurs, notamment à Gautier, en 1820, qu'il y avait, chez les Patagons, des hermaphrodites.

rendu responsable. Lors de l'épidémie de petite vérole qui, vers la fin du siècle dernier, décima la tribu patagone des Chechehet, le cacique Cangapol fit massacrer tous les devins.

Telle est, en peu de mots, cette religion. Si elle est grossière et peu relevée, elle a du moins pour elle de n'être ni barbare ni sanguinaire. Sauf les holocaustes de chevaux, on ne trouve pas, chez les Patagons ni chez leurs voisins, de cérémonies qui le soient. Même celles qui accompagnent la nubilité des femmes, marquées pourtant chez presque toutes les tribus de l'Amérique par des tatouages, des mutilations et des épreuves douloureuses, même celles-là s'accomplissent chez eux sans effusion de sang. — De ces cérémonies, généralement célébrées à l'occasion des grands événements de la vie humaine, la naissance, la puberté, le mariage, la grossesse, la mort, la plus intéressante est assurément la dernière, et l'on ne saurait ici la passer sous silence.

Dans cette partie de l'Amérique, la crémation est inconnue; — toujours à cause du manque de combustible; néanmoins les modes d'ensevelissement y sont plus variés que partout ailleurs, et chez les seuls Patagons, on en voit pratiquer plusieurs, suivant les différentes tribus.

Chez les unes, le corps est déposé dans une fosse carrée, de six pieds de profondeur sur deux ou trois de largeur, dans une posture accroupie, couvert de son plus beau manteau, paré de plumes, de perles et d'ornements précieux. Les éperons du mort, son sabre, ses bolas, sont placés près de lui ; puis la fosse est recouverte de branchages et de terre. Le cheval favori du défunt est amené et tué aussitôt sur la place. On le dépouille et l'on dresse sa peau sur des piquets plantés dans le sol, de telle façon que l'animal semble se tenir debout, comme s'il était empaillé. — Quelquefois l'on sacrifie jusqu'à quatre chevaux, dont les dépouilles sont disposées de la même façon aux quatre coins de la tombe. Enfin on brûle les vêtements du mort et tous les objets qui lui ont appartenu, et la cérémonie se termine par un festin où l'on mange la chair de l'animal immolé.

Chez d'autres, les morts sont déposés dans des sortes de chambres souterraines, fermées d'une large pierre, et dans lesquelles les cadavres, accroupis et habillés, sont disposés en rangées régulières. Chaque année, une vieille femme, investie de ces lugubres fonctions, pénètre dans le caveau pour faire la toilette des squelettes, et remplacer par des vêtements nouveaux ceux de l'année précédente. — Ces cimetières sont généralement situés près du lieu de résidence ordinaire de la tribu, et les environs en sont couverts d'ossements de chevaux.

Ailleurs, on n'ensevelit plus le cadavre: on le dissèque, en détachant la chair des os. C'est encore une femme qui est chargée de ce soin. Cette opération bizarre s'appelle « faire un squelette. » Quand « le squelette est fait, » c'est-à-dire quand tous les os ont été dépouillés, on les enterre afin qu'ils achèvent de se nettoyer, ou bien on les suspend en l'air pour les faire sécher. Une fois que le desséchement est complet, ils sont exhumés ou recueillis, enfermés précieusement dans un sac de peau, puis transportés en grande pompe à travers le désert, sur le dos du cheval préféré du défunt qu'on avait réservé pour ce dernier service, au cimetière de la tribu, quel qu'en soit l'éloignement. Là, ils sont de nouveau enterrés; ou bien le squelette, reconstitué tant bien que mal, est déposé, assis et paré, sous des tentes ou des huttes ouvertes.

Cette dernière coutume, quelque étrange qu'elle puisse paraître, n'a rien, au fond, qui doive étonner. Elle procède, en effet, de ce sentiment instinctif, et si profondément imprimé surtout dans l'esprit des peuples primitifs, qui fait que l'on veut reposer là où reposent ses ancêtres, et les Indiens errants, en venant apporter, souvent de si loin, dans leurs anciennes sépultures, les restes les moins périssables de leurs morts, ne font qu'accomplir envers ceux-ci un pieux devoir qu'ils s'attendent à ce que plus tard, on leur rende à leur tour. S'ils recourent, comme nous l'avons vu, à ce procédé répugnant de la dissection, c'est parce que, toujours en marche, ils ne pourraient attendre au même endroit, que la décomposition naturelle des matières putrescibles ait accompli son œuvre lente.

Il est à remarquer que ces anciens cimetières sont presque tous situés au bord de la mer; c'est au bord de la mer également que, lors de l'exploration de l'Adventure et du Beagle, on découvrit, sur le sommet de hautes collines, plusieurs tombeaux indiens remontant à une antiquité lointaine. On en pourrait conclure qu'avant l'introduction du cheval en Amérique, ces Indiens devaient, malgré l'aversion qu'ils témoignent aujourd'hui pour l'eau, habiter les côtes et mener une existence analogue à celle des indigènes actuels de la Terre-de-Feu.

Les auteurs, Falkner entre autres, présentent ces différentes pratiques comme étant employées respectivement par les diverses tribus; on serait cependant en droit de se demander s'ils ne se trompent pas, et si chacune ne serait pas spécialement réservée à différentes catégories d'individus; si, par exemple, elles ne varient pas suivant que le mort est un simple guerrier, un chef, un devin, un enfant, une femme.

Quoi qu'il en soit, et quel que soit le mode d'inhumation, les cérémonies qui l'accompagnent sont les mêmes; toujours on sacrifie les chevaux du défunt, on dépose près de lui ses armes, on détruit d'une manière ou d'une autre tous les objets qui lui avaient appartenu.

Il faut voir dans cette coutume l'une des causes qui contribuent le plus à maintenir ces races dans leur état d'infériorité sociale. Grâce à elle, en effet, tout ce qu'un homme avait pu acquérir pendant sa vie disparaît avec lui, sans que rien s'en transmette à ses enfants, et sans que la tribu elle-même profite de ces biens gaspillés qui pourraient augmenter les ressources communes. — En empêchant ainsi la constitution du patrimoine, c'est-à-dire, avec le temps, l'enrichissement de quelques familles, elle rend impossible la formation d'une aristocratie, base nécessaire de toute organisation sociale et condition indispensable de son établissement. — Si le régime égalitaire est la dernière phase de l'évolution des nations, et constitue, en matière politique, le but final des sociétés adultes, son existence à l'origine d'un peuple est un mal dangereux et le plus grand obstacle à son développement. Aussi peut-on prédire que les populations de la Patagonie et des Pampas sont, selon toutes les probabilités, condamnées à végéter dans leur état présent jusqu'au jour de leur disparition.

Ce jour est-il proche? — Pour ne pas l'être autant pour ces indigènes que pour leurs frères de l'Amérique du Nord, il n'est pas moins possible de l'entrevoir dès à présent.

Il est bien difficile, on le conçoit, d'évaluer avec quelque exactitude le chiffre d'une population aussi disséminée et aussi mobile que celle-là. D'Orbigny, il y a un demi-siècle, fixait approximativement le nombre des Patagons à 10,000 (1), celui des Aucas et des Araucanos, ensemble, à 30,000, et celui des Puelches à 600. Ces approximations, confirmées ou contredites par divers voyageurs, sont sans doute loin d'être bien rigoureuses; toutefois comme elles offrent de plus grandes garanties de véracité que la plupart des autres qui ont été avancées, on peut à la rigueur les accepter. — Mais ce qui ressort le plus clairement de tous les témoignages et ce qu'on ne saurait mettre en doute, c'est la rapide décroissance de ce nombre, quel qu'il soit en réalité, surtout pour les Puelches et les Aucas.

(1) La comparaison du chiffre des différentes populations de l'Amérique du Sud proportionnellement à la superficie de leur habitat, donne lieu à des remarques intéressantes sur la loi générale d'après laquelle l'extension de terrain nécessaire à un peuple pour y vivre, est en rapport direct avec la nature du sol et le genre de vie de ce peuple. — Les Quichuas, occupant les hauts plateaux tempérés du Pérou, pasteurs et agriculteurs, donnent une proportion de 69 habitants par lieue carrée; tandis que pour les Patagons, vivant dans des plaines arides, chasseurs et nomades, la proportion n'est que de 1 habitant pour 3 lieues carrées.

Ces derniers, au dire de Schirdel (1), occupaient en 1535 toute l'étendue des Pampas; il n'était pas rare de rencontrer des tribus comprenant plusieurs milliers d'individus et avec des goûts beaucoup plus sédentaires qu'aujourd'hui. A l'époque de Falkner (1750), ils poussaient encore leurs incursions jusqu'à Luxan, Areco, Arrefice, tandis qu'à l'heure actuelle, ils sont refoulés au delà du rio Salado au Nord, du rio Colorado au Sud, et à l'Ouest dans le voisinage des Andes : c'est seulement momentanément qu'ils pénètrent jusqu'à la province de Buenos-Ayres. Non seulement des tribus entières ont disparu, mais ils sont devenus plus sauvages et plus nomades qu'autrefois. La guerre de Rosas et les expéditions postérieures en ont détruit beaucoup et les épidémies, fréquentes parmi eux, ainsi que les guerres entre les tribus, tendent à les réduire chaque jour davantage. Quant aux Puelches, qui, d'après Schirdel, comptaient en 1535 environ 3,000 âmes, les guerres cruelles qu'ils eurent à soutenir contre les Aucas avaient déjà considérablement diminué leur nombre, lorsque la grande épidémie de petite vérole qui ravagea cette région à la fin du siècle dernier, le réduisit au quart. Il y a cinquante ans, on l'a vu, d'Orbigny l'évaluait à 500 ou 600; il est probable qu'aujourd'hui la race n'existe plus, ou que ce qui en reste s'est fondu dans celle des Aucas.

Nous n'avons pas parlé du langage. Ce n'est pas un oubli. La comparaison des idiomes usités parmi les diverses populations de l'Amérique australe, serait certes d'un puissant secours pour déterminer leurs affinités réciproques, et il serait intéressant de contrôler, à l'aide de la linguistique, les relations ethniques que nous avons établies d'après le rapprochement d'autres caractères. Mais dans l'état actuel de nos connaissances, une pareille étude ne saurait être entreprise avec fruit. D'Orbigny s'est livré à de consciencieuses recherches sur cette question, et il affirme notamment que, malgré une très grande analogie de formes, le téhuelche et

(1) Purchas, *Collection of Voyages.*

le puelche sont tout à fait distincts quant au fond. Malheureusement, à l'époque où vivait le savant voyageur, la méthode scientifique qui préside à l'étude raisonnée du langage n'était pas encore aussi perfectionnée qu'aujourd'hui, et les procédés linguistiques employés par lui, rendent ses observations sujettes à revision.

Tout ce que l'on peut dire de ces langues, c'est qu'elles sont caractérisées par un manque total d'euphonie, une gutturation forte, une accentuation rude, l'abondance des sons composés et la redondance très grande des consonnes, comme tz, nd, mb, zl, dl, la fréquence des terminaisons en ic, ec, ac, oc, ag, eg, ex, ch, etc. L'n nasale se rencontre souvent, ainsi que les sons de z, et de ch; mais celui de l'f n'existe pas. Les mots sont généralement courts, de deux ou trois syllabes, mais les monosyllabes sont rares.

A l'inverse du téhuelche et du puelche, la langue araucana, qui semble s'être conservée avec une grande pureté chez les Aucas, est très douce et très euphonique. Elle ne renferme point de sons gutturaux ni d'accumulations de consonnes, et la plupart des mots se terminent par des voyelles constamment longues, ou, quand ils finissent par des consonnes, c'est toujours par les plus douces, m, n, l, r. L'accentuation est sans rudesse, et la diction, mesurée, emphatique d'ordinaire, est comme scandée par versets, pour ainsi dire chantée. Comme nous l'avons fait remarquer précédemment, ces indigènes sont doués à un haut degré du sentiment poétique et aiment l'harmonie de la parole. Le talent oratoire est une condition indispensable pour acquérir sur eux de l'influence et de l'autorité.

Ils possèdent un système de numération assez complet, mais il faut observer à ce sujet que, tant chez eux que chez les Patagons, une partie des noms de nombres est empruntée à la numération des anciens Péruviens.

Franchissons maintenant dix degrés de latitude et transportons-nous au delà du 50°.

Ici encore, nous allons nous trouver, comme aux environs du rio Negro, en présence de plusieurs groupes de populations distincts, rapprochés les uns des autres dans un area comparativement restreint et dont il importe de déterminer les caractères communs ou particuliers.

Ce sont d'abord les Patagons, que nous rencontrons cette fois à la limite méridionale de leur vaste habitat, sur les rives nord-est du détroit de Magellan, entre Punta-Areñas, c'est-à-dire la péninsule de Brunswick, et le cap des Vierges; puis, au Sud et à l'Ouest, dans l'archipel de la Terre-de-Feu et sur les côtes occidentales de la Patagonie, les Fuégiens, au delà desquels s'étend, également le long du rivage et dans les îles qui le bordent, une autre tribu qui est celle des Chonos; enfin, plus au Nord encore, à partir de la péninsule de Tres-Montes, dans les vallées des Andes et sur leur versant occidental, les Araucanos. — Les premiers et les derniers nous sont déjà connus: nous n'en parlerons donc plus, si ce n'est incidemment et pour signaler les rapprochements qu'il y aura lieu de faire entre eux et leurs voisins.

Les Fuégiens, on le sait déjà, appartiennent au rameau araucanien; ils sont donc apparentés de très près aux Araucanos et font partie de la grande race de peuples montagnards, originaires de la chaîne des Andes dont les Quichuas et les Aymaras forment le prototype. Mais ce nom de Fuégiens (1) doit être considéré moins comme une dénomination spécifique que comme un terme générique servant à désigner indistinctement

(1) Dérivé de l'espagnol fuego, d'après le nom donné à leur pays par Magellan, Tierra del Fuego, la Terre de Feu, ou plutôt du Feu. Quelques auteurs prétendent que le pays a été ainsi nommé à cause des nombreux volcans qui s'y trouvent. Mais comme en réalité ces volcans se réduisent à des cratères éteints depuis longtemps, il n'y a nul motif pour mettre en doute la tradition généralement reçue, d'après laquelle Magellan aurait ainsi baptisé la région nouvelle qu'il découvrait, à cause des feux innombrables allumés la nuit sur la côte par les indigènes, par suite d'une coutume qu'ils conservent encore aujourd'hui.

tous les indigènes qui habitent la Terre-de-Feu. En effet, malgré leur
communauté d'origine — communauté qui n'est pas douteuse
au moins pour le plus grand nombre d'entre eux — ces indigènes sont
loin de constituer un groupe ethnique homogène et présentant des caractères à peu près uniformes dans ses diverses fractions, comme on l'ob-
serve pour le groupe Patagon, par exemple. On rencontre chez eux, au
contraire, d'une peuplade à l'autre, des différences notables, des variations considérables dans le type physique, qui obligent à les classer sé-
parément. Ceci explique les divergences qu'on remarque à leur sujet
dans les descriptions des voyageurs, la multiplicité des noms dont ils ont
été successivement qualifiés, et la confusion qui en résulte dans l'esprit
des ethnographes.

Le capitaine Fitz-Roy, dont nous avons eu plus d'une fois déjà l'occasion de citer le nom, et qui a passé de longs mois dans ces parages, entre
les années 1826 et 1836, les répartit en cinq tribus ou peuplades, qui sont :
les Yacana Kunny (ou tout simplement Yacana, *Kunny* signifiant race),
les Tekeenika, les Alikhoolip, les Pécherais, et les Huemul.

Cette classification n'est sans doute pas bien rigoureuse; mais elle est
assurément préférable aux fantaisies d'Olivier de Noort, de Falkner ou de
Beauchêne-Gouin, car elle repose sur une série d'observations sérieuses
et elle offre toutes les garanties d'exactitude qu'il est permis d'attendre en
une matière aussi délicate.

Les Yacana (les *Yucana* de Falkner) occupent toute la partie septentrionale et orientale de la Terre du Roi Charles. Ces indigènes, dont
Fitz-Roy évalue le nombre à 600, habitent donc la région la plus fertile
de la grande île, et tant par leurs caractères physiques que par leur genre
de vie, ils se rapprochent si complètement des Patagons, que l'on peut se
demander s'il ne faut pas les considérer comme un groupe de cette famille,
qui aurait franchi le détroit à une époque indéterminée, mais antérieure

à la conquête, car avant cette époque ils ne possédaient pas le cheval.

Les Tekeenica, séparés des précédents par la chaîne de montagnes d'une faible élévation qui part du mont Sarmiento et qui traverse de l'ouest à l'est la Terre du Roi Charles dans sa partie méridionale, habitent les deux rives du canal du Beagle et les îles les plus australes de l'archipel. Leur nombre ne dépasse pas 500. Ce sont peut-être ceux que Falkner appelle les Key-yus.

Les Alikhoolip sont répartis dans les îles situées entre la partie occidentale du canal du Beagle et le détroit de Magellan. Cette tribu, qui ne compte que 400 membres environ, semble être celle qu'on trouve dans quelques auteurs désignée sous le nom de Poy-yus.

Les Pêcherais, ainsi nommés par Bougainville parce qu'il les entendait incessamment répéter ce mot (?) et auxquels Fitz-Roy conserve cette appellation parce qu'il ignore celle sous laquelle ils se désignent eux-mêmes, vivent dans la partie centrale du détroit. Ils sont à peine 200, et, après les Alikhoolip, se trouvent les moins favorisés au point de vue du climat.

Les Huemul enfin constituent une petite tribu ou fraction de tribu, d'une centaine d'individus au plus, que l'on rencontre sur le continent, aux environs des culs-de-sac d'Otway et de Skyning (1). — Ce nom leur a été donné par Fitz-Roy parce qu'il a vu quelques-uns d'entre eux

---

(1) Les chiffres fournis par Fitz-Roy pour ces cinq peuplades ne donnent qu'un total de 1800 individus, tandis que d'Orbigny évalue le nombre des Fuégiens à 4000, et cependant tous deux écrivaient presque à la même époque. — Mais l'écart entre les deux chiffres devient bien moins frappant si l'on considère, d'une part, que d'Orbigny comprenait dans le sien les Chonos, évalués à 400 par Fitz-Roy, et d'autre part, que celui-ci, dans son calcul, ne tient compte que des adultes. — Toutefois, la différence, même avec cette observation, reste encore sensible, et ce sont les données de Fitz-Roy qui doivent être acceptées de préférence.

couverts de la dépouille d'une espèce de daim qu'il considère, à tort ou à raison, comme étant le fameux et quasi fabuleux huemul ou guemul de Molina.

Tels sont, en peu de mots, le nombre et l'habitat des divers groupes entre lesquels se répartissent les Fuégiens. Nous avons cru devoir établir tout d'abord cette division, qui importe au point de vue ethnogénique et surtout au point de vue linguistique; mais ce serait commettre une erreur que de penser que chacun de ces groupes nécessite une étude à part. S'il existe effectivement de l'un à l'autre des différences marquées, les analogies sont beaucoup plus nombreuses. Aussi suffira-t-il d'examiner ici les caractères principaux qui sont communs à tous, sauf à signaler, le cas échéant, ceux qui distinguent particulièrement telle ou telle tribu; et dans ce qui va suivre, afin d'éviter le danger qui pourrait naître de la confusion des noms, nous emploierons de préférence le terme général de Fuégiens, toutes les fois qu'il ne s'agira pas spécialement d'une peuplade déterminée.

On est porté, ordinairement, à se représenter les Fuégiens comme une race d'hommes hideux, chétifs et rabougris, aussi disgraciés physiquement que moralement dégradés. C'est là une prévention mal fondée, ou du moins, si elle est juste en ce qui concerne certaines tribus, on aurait tort de la généraliser : la présence à Paris, l'an dernier, d'un petit groupe de ces indigènes, (1) l'a suffisamment montré. — Il est malaisé, on le

---

(1) Ces Fuégiens, au nombre de onze, quatre hommes, quatre femmes et trois enfants, sont restés plusieurs semaines, exposés aux regards du public, au Jardin d'Acclimatation. C'est là que nous les avons vus ; et nous avons pu recueillir sur eux, pendant la durée de leur séjour, de précieuses observations, grâce à la bienveillance du Directeur de cet établissement, M. Geoffroy Saint-Hilaire, qui nous a complaisamment ouvert tout accès auprès de ses pensionnaires et qui n'a rien négligé pour nous faciliter les études que nous nous proposions de faire sur leurs caractères ethnographiques, et plus particulièrement sur leur langage.

Ces Fuégiens ne sont pas les premiers qui soient venus en Europe. A son retour de

comprend, de décrire avec quelque précision un type aussi varié que celui-là dans ses modalités; toutefois, en rapprochant les descriptions que nous fournissent plusieurs voyageurs des notes que nous avons prises nous-même, nous essayerons de déterminer les traits généraux de la race.

Les Fuégiens ont habituellement, comme les Patagons, la tête grosse par rapport aux dimensions du corps; la face est élargie, plutôt ronde qu'ovale, les pommettes saillantes comme dans le type mongol ; le front large et bas et les arcades sourcilières proéminentes; les yeux en forme de boutonnière, légèrement bridés, sont petits, noirs, vifs, toujours en mouvement, avec la tunique sclérotique teintée de jaune; le nez, court, mais presque droit, n'est pas épaté à sa base, malgré l'écartement des narines, mais la dépression interorbitaire, très prononcée, fait que, de profil, l'arête semble se creuser; la bouche est grande, fendue horizontalement, avec des lèvres minces dont l'arc est presque nul, et les dents, blanches et fortes, présentent ce caractère que les canines, comme usées, ne dépassent pas les incisives, et que celles-ci sont aplaties comme celles des chevaux de huit ans. Le menton est carré et les oreilles petites.

Leur taille moyenne est fixée par d'Orbigny à 1 m. 66, chiffre qui s'accorde bien avec celui de Fitz-Roy; ils sont donc un peu plus grands que les Araucanos (1). — Ils ont les membres inférieurs grêles propor-

son premier voyage à la Terre-de-Feu, le capitaine Fitz-Roy ramena en Angleterre quatre indigènes de la tribu Tekeenica, et leur fit donner une certaine instruction. Nous aurons plus d'une fois à parler de ces protégés de Fitz-Roy et des intéressantes remarques auxquelles ils ont donné lieu.

(1) Il n'y a dans ce fait rien qui doive étonner; il est conforme à la règle constante d'après laquelle la taille varie suivant l'altitude de l'habitat, augmentant à mesure que celle-ci décroît. Dans la race ando-péruvienne, les Quichuas, dont l'habitat est le plus élevé, sont les plus petits, leur moyenne n'étant que de 1 m. 59 ou 1 m. 60, tandis que les Fuégiens qui vivent au pied des montagnes, sont les plus grands. — C'est systématiquement que certains auteurs ont voulu faire de ceux-ci des nains, afin de trouver dans la

tionnellement à leur taille, les jambes souvent arquées et le ventre proéminent. C'est là la conséquence de leur manière de s'asseoir. La posture accroupie qu'ils gardent habituellement, soit dans leurs huttes, soit dans leurs canots, a pour effet d'entraver la circulation du sang dans la partie inférieure du corps et donne aux jambes une forme anormale, tandis que, sous la pression continue des cuisses repliées, les viscères abdominaux tendent, à la longue, à remonter et à saillir plus que de raison. Mais la poitrine est large, bien développée, quoique un peu longue, comme chez tous les peuples montagnards ; les bras, mieux exercés que les jambes, sont robustes et musculeux. Les attaches sont fines et nerveuses et les extrémités petites, surtout les pieds qui, chez les femmes, sont remarquablement exigus et bien faits, malgré l'absence complète de chaussures. Leur stature manque d'élégance ; cependant ils sont agiles et adroits. — Les cheveux sont noirs, longs et rudes, caractère commun, on le sait, à toutes les races américaines, tandis que le reste du corps est à peu près dépourvu de poils (1). La barbe est rare, clairsemée, très rugueuse : le plus souvent on l'arrache ; toutefois la coutume de l'épilation semble moins générale parmi les Fuégiens que chez les Patagons. Ceux qui la pratiquent sé servent à cet usage de deux coquillages qui font l'office de pince. La couleur de la peau est d'un brun olivâtre, un peu plus claire que celle des Patagons.

Les femmes ne diffèrent pas sensiblement des hommes, si ce n'est par la taille, qui est beaucoup plus petite, et elles participent à tous les caractères que nous venons d'énumérer. Elles ont les seins tombants, coniques

---

direction du pôle Sud, une décroissance de taille correspondante à celle que l'on remarque dans le pôle Nord. En outre, le contraste qu'ils présentent avec les Patagons tend à les faire paraître plus petits qu'ils ne le sont réellement.

(1) Cependant, l'un des hommes que nous avons vus au Jardin d'Acclimatation, le plus âgé, avait les jambes très velues et une certaine quantité de poils sur la poitrine ; sa barbe était assez abondante. Les plus jeunes, il est vrai, n'offraient aucune trace de villosité.

et non globuleux, et la largeur excessive de leur bassin leur donne une démarche lourde et disgracieuse. Nubiles de très bonne heure, elles se flétrissent vite, et il devient dès lors difficile de déterminer, même approximativement, leur âge. Du reste les vieillards des deux sexes conservent jusqu'au bout leurs dents, qui s'usent sans se détériorer, et leurs cheveux, qui ne blanchissent jamais; c'est à peine si le visage se ride. Les infirmités sont rares chez ces races primitives; c'est là une immunité de la vie sauvage, et le peu d'entraves apportées au développement normal des organes, grâce à la simplicité des vêtements, explique l'absence presque totale de difformités que l'on remarque chez les peuples qui vivent à l'état de nature. — Les enfants sont d'une couleur un peu plus claire que celle de leurs parents.

La description qui précède peut s'appliquer, sauf quelques variations, à la plupart des habitants de la Terre-de-Feu. Il en est cependant, qui n'empruntent à ce type que ses caractères les moins favorables et qui en exagèrent les défectuosités. Tels sont, au dire de Fitz-Roy, une partie des Tekeenica et surtout les Pêcherais, la plus misérable de ces peuplades. Il nous les dépeint sous un aspect repoussant, petits, chétifs, cagneux, d'une physionomie hideuse et bestiale, véritables caricatures humaines, « satires upon humanity ». Quant aux femmes, qu'il qualifie de She-Fuegians, « femelles qu'on est convenu d'appeler femmes par politesse », il les déclare encore plus affreuses que les hommes. Il faut l'en croire, puisque cette peinture est conforme aux récits d'autres voyageurs; mais ce qu'il dit des Tekeenica ne saurait être accepté comme s'appliquant à toute la tribu. En effet, les Fuégiens que nous avons vus ici appartenaient, selon toute apparence, à cette tribu, puisqu'ils ont été pris à l'île Lhermite, l'une des îles les plus voisines du cap Horn, et certes ces individus sont loin de répondre à une pareille description. D'ailleurs ceux que l'auteur avait ramenés avec lui étaient aussi des Tekeenica, et il est le premier à témoigner de leur supériorité relative. Quant à la maigreur ou à la corpulence des indigènes, les assertions des voyageurs ne prouvent rien: c'est là un caractère essen‑tiellement variable et qui dépend de la saison pendant laquelle ils ont été aperçus. Lorsqu'ils ont une nourriture suffisante, ils sont le plus souvent robustes, tout en conservant une certaine gracilité de formes qui n'exclut pas la force musculaire.

Une autre accusation portée contre les Fuégiens, et qui ne nous paraît pas fondée, c'est celle de dégager une odeur forte et désagréable. «Le Fuégien pue comme un renard», dit un auteur. Cependant, il nous est arrivé quelquefois de pénétrer le matin, au moment où ils en sortaient, dans la cabane où couchaient tous ensemble les Fuégiens du Jardin d'Acclimata‑tion, et l'odeur qui y régnait n'était pas plus forte assurément que celle qu'au‑raient pu laisser le même nombre de blancs après une nuit passée dans un réduit aussi étroit. La mauvaise odeur dont on nous parle n'est donc pas inhérente à leur personne, comme elle l'est chez le nègre; elle provient bien plutôt de l'huile dont ils ont l'habitude de se frotter, et des émanations infectes qui se dégagent des peaux de phoque non préparées dont ils font usage.

Les Yacana sont d'une taille sensiblement plus élevée, et, comme nous le disions plus haut, ressemblent aux Patagons.

Quant aux Chonos, ils répondent en tout à la description que nous donnions tout à l'heure. Les Chonos diffèrent seulement des Fuégiens en ce que ce sont de véritables Araucanos qui, chassés des plateaux, et même des vallées, par le froid de plus en plus vif qui s'y fait sentir à mesure qu'on se dirige vers le Sud, ont dû descendre jusque sur le rivage. Là ils ont adopté le genre de vie des peuples ichthyophages et pêcheurs, et ils se sont adaptés à cette existence nouvelle, comme les Aucas, descendus dans les plaines, ont pris les habitudes des peuples chasseurs et nomades. De même que ceux-ci établissent la transition entre les Patagons et les Arau‑

canos, de même les Chonos servent de trait d'union entre les Araucanos et les Fuégiens. Le phénomène de transformation est identique des deux côtés. Les Chonos forment un groupe peu nombreux, de 5oo ou 6oo adultes tout au plus, et sont disséminés sur les côtes du Chili entre le 5o° degré, c'est-à-dire l'archipel de la Mère de Dieu, et l'archipel des Chonos. On les a souvent confondus avec les Fuégiens. Ils ont d'ailleurs avec eux de grands rapports, et, sauf de rares exceptions, tout ce que nous dirons de ceux-ci s'appliquera également à ceux-là.

Si l'on se rappelle ce qui a été dit précédemment du climat de la Terre-de-Feu, on se rendra compte du genre de vie que doivent mener les indigènes. Sans autre ressource que la chasse et la pêche, puisqu'ils n'ont ni animaux à élever, ni terres à cultiver, n'ayant autour d'eux que des montagnes stériles couvertes de forêts inutiles ou des plaines inondées où rien ne croît, ils ne peuvent habiter que le bord de la mer; la mer pour eux est donc l'unique nourricière: c'est de la mer, et l'on pourrait presque dire que c'est sur elle, qu'ils vivent. — Habitués dès l'enfance à se jouer au milieu des récifs dans les flots tumultueux, nageurs et plongeurs incomparables, ils passent la plus grande partie de leur existence dans l'eau ou sur l'eau, allant chercher au fond des mollusques ou des crustacés, s'aventurant avec leurs frêles pirogues d'écorce sur la mer démontée qui bat incessamment de ses vagues furieuses les rochers de leurs côtes, et affrontant les tempêtes qui sévissent presque sans relâche dans ces parages redoutés des marins.

Lorsque la saison est favorable, les oiseaux de mer, les phoques, les marsouins, les poissons, certains oiseaux qui vivent dans les bois, et même parfois, suivant la région, une espèce de daim pareille à celle que l'on rencontre en Patagonie, leur fournissent une nourriture abondante, à laquelle s'ajoutent les coquillages qu'ils ramassent sur le rivage, et les œufs de mer, sorte de gros oursin dont ils sont très friands. — Ils tuent les pingouins et les oies sauvages à coup de flèches ou de pierres, ou bien, la nuit, quand il fait clair de lune, ils les surprennent dans les trous de rochers où ils nichent et s'emparent en même temps de leurs œufs. — Les phoques, assez rares, sont pour eux une riche prise, mais leur capture en mer est assez difficile. Aussi, lorsqu'ils en découvrent un couché sur le sable, ils s'efforcent de lui couper la retraite en se plaçant entre lui et le bord, au risque d'être bousculés et même blessés par l'animal; mais si leur manœuvre réussit, ils le percent de leur lance, l'assomment d'un coup de massue sur le nez, ou lui passent autour du cou un lacet en fanon de baleine. — Quant aux poissons, ils harponnent ou tuent à coups de flèches les plus gros et prennent les autres à la ligne, sans hameçon, comme nous pêchons les grenouilles: retirant brusquement le poisson à l'instant même où il mord l'appât, et le saisissant adroitement de l'autre main avant qu'il n'ait lâché prise. — Ils emploient aussi pour la pêche des chiens dressés à ce métier — d'affreux barbets à longs poils — qui plongent après le poisson, le poursuivent sous l'eau et le chassent vers un endroit favorable où le pêcheur l'attend, prêt à le harponner — à moins qu'ils ne l'attrapent eux-mêmes, pour le rapporter docilement à leur maître.

L'alimentation des Fuégiens est, on le voit, presque entièrement animale. Les seuls végétaux qui y entrent — et pour une faible part — sont une espèce de champignon qui croît sur le hêtre (Cytharia Darwinii) et les baies d'un arbousier commun dans les tourbières. Pour toute boisson, ils n'ont que l'eau plus ou moins saumâtre des torrents. — Ils mangent leur viande indifféremment cuite ou crue; pour la faire cuire, ils la jettent simplement au milieu du foyer et la recouvrent de cendres; au bout de trois ou quatre minutes, ils la retirent et la dévorent telle quelle, encore saignante et à peine nettoyée. Ils ont un goût prononcé pour les substances grasses et ils en consomment de grandes quantités; l'huile de phoque et de marsouin, ainsi que le lard de baleine, lorsque leur bonne fortune fait qu'un de ces énormes cétacés vienne s'échouer sur la côte, sont pour eux un régal. — Ils sont anthropophages (1) et tuent volontiers des femmes pour s'en nourrir (2).

Le costume des Fuégiens est d'une grande simplicité. Il se compose généralement d'un grand manteau de fourrure dans lequel ils se drapent, et que les femmes serrent autour de leur corps au moyen d'une courroie. Souvent aussi il se borne seulement à un lambeau graisseux attaché à la ceinture, ou à une espèce de jaquette en peau de phoque qui ne couvre que le buste et ne descend pas plus bas que les reins. — Dans un climat aussi rigoureux, où le froid et l'humidité règnent perpétuellement, on peut s'étonner de voir les indigènes aussi mal protégés contre les intempéries,

(1) On connaît sans doute l'histoire de ces missionnaires protestants qui — il y a de cela une vingtaine d'années — ayant fait naufrage sur les côtes de la Terre de Feu, furent massacrés avec tout l'équipage, par les naturels, et mangés par ceux-là même auxquels ils venaient apporter les lumières de l'Evangile.

Voici un autre fait du même genre qui ne remonte qu'à trois ans. — Le capitaine d'un navire hambourgeois qui croisait au sud-ouest de la Terre de Feu, ayant besoin de renouveler sa provision d'eau, avait envoyé à terre son frère, qui lui servait de lieutenant, et quatre matelots. Au bout de quelques heures, inquiet de ne pas les voir reparaître, il se décida à se rendre à terre à son tour, et, accompagné de quelques hommes bien armés, il s'engagea avec précaution dans la direction qu'avaient prise les autres. — Au bout d'un certain temps, il entendit tout à coup un murmure de voix, des cris joyeux, des chants sauvages, partant de derrière des rochers qui se dressaient à quelque distance. Il s'approcha sans bruit et, vit, autour d'un grand feu, une douzaine de Fuégiens qui gesticulaient, à côté des corps mutilés de trois des matelots, tandis qu'au milieu du foyer rôtissaient tout entiers deux cadavres, dans l'un desquels il reconnut son frère.

Nous pourrions multiplier les exemples analogues ; mais nous nous bornerons seulement, pour montrer que le cannibalisme se pratique couramment aujourd'hui encore, à rappeler que l'une des femmes fuégiennes amenées en Europe l'an dernier, avait été trouvée rongeant un os qui n'était autre qu'un humérus humain.

(2) Les vieilles femmes de préférence aux hommes. — Un voyageur anglais a recueilli de la bouche même d'un jeune indigène des renseignements nombreux et précis sur la manière dont les victimes sont mises à mort, et sur les scènes auxquelles donnent lieu ces sacrifices, ainsi que sur les parties du corps qui sont considérées comme les pièces de choix, celles qui sont réservées aux hommes ou aux femmes, etc. — Le lecteur nous saura gré sans doute de lui épargner ces répugnants détails.

et nous avons entendu plus d'une fois des personnes prendre texte de cette insuffisance de vêtement pour conclure au défaut total d'intelligence de ces malheureux, « qui ne savent même pas se couvrir. » Ce sont là des propos quelque peu inconsidérés. Il n'est pas d'homme si grossier ni si abruti qui ne sache au moins assurer son bien-être quand il en a les moyens; or ce ne sont pas les fourrures ni les peaux qui manquent au Fuégien. Si donc il ne s'habille pas autrement, c'est qu'il a des raisons pour rester comme il est. La première de ces raisons, c'est que, obligé à chaque instant de se mettre à l'eau, il a besoin de toute la liberté de ses mouvements: vêtu comme le sont les Esquimaux, par exemple, il se trouverait fort embarrassé, s'il lui fallait chaque fois se déshabiller. L'autre raison, et la principale, c'est qu'il n'a pas froid. Non seulement l'habitude le rend à peu près insensible aux variations atmosphériques; mais, destiné à vivre d'une vie presque aquatique, il est organisé en conséquence. L'autopsie de plusieurs d'entre eux a révélé l'existence, chez ces indigènes, d'un tissu adipeux, réparti sur toute la périphérie de leur corps, comme celui que possèdent les cétacés; en outre leur épiderme est beaucoup plus épais que celui des Européens. C'est à ces caractères physiologiques particuliers que les Fuégiens doivent de pouvoir séjourner longtemps et impunément dans l'eau la plus froide, et de supporter aussi facilement, presque sans vêtements, de basses températures.

D'ailleurs, ils ont toujours un grand feu allumé sur le rivage auprès de leurs cabanes, et dès qu'ils sortent de l'eau, ils s'en approchent pour se sécher. Le feu, sous un climat aussi humide, est pour eux un élément indispensable; aussi l'entretiennent-ils jour et nuit, restant constamment accroupis ou couchés autour quand ils n'ont rien à faire, et même, lorsqu'ils se déplacent, ils en emportent dans leurs canots, dont le fond est garni, à cet effet, d'une couche épaisse de boue durcie.

Malgré la simplicité de leur costume, les Fuégiens font preuve d'une certaine coquetterie. Ils aiment les ornements, et s'en fabriquent avec des coquillages, des os de poissons, voire même des rondelles de cuir. Nous nous rappelons avoir vu un collier en dents de poissons auquel étaient suspendus, en guise de breloques, trois boutons de culotte en corne. Ils ont aussi des diadèmes en plumes. Les hommes relèvent en général leurs cheveux avec un cordon en cuir ; les femmes les laissent flotter par derrière, mais elle les coupent carrément sur le front (1) d'une manière qui rappelle singulièrement une coiffure fort à la mode aujourd'hui parmi les femmes de nos pays. — C'est bien le cas ici de dire que les extrêmes se touchent. — Les Fuégiens ne se défigurent pas comme d'autres peuplades américaines ; mais ils se peignent le visage de la même façon que les Patagons et avec les mêmes couleurs, le rouge, le noir et le blanc, cette dernière étant également ment réservée pour le costume de guerre. Beaucoup se frottent tout le corps d'huile de baleine ou de phoque.

Leurs cabanes, qu'ils construisent en une heure à l'endroit où ils abordent, toujours à proximité du rivage, et qu'ils abandonnent lorsqu'ils s'en vont, ne sont que de simples huttes en formes de ruches, composées de branches d'arbres enfoncées dans le sol et disposées en cercle, puis courbées de manière à se rejoindre et recouvertes sommairement de touffes d'herbe et de mottes de terre. Seuls les Tekeenica recouvrent les leurs de peaux. C'est là qu'ils cherchent un abri contre la pluie, la neige ou le vent, couchant sur la terre détrempée, enveloppés d'un manteau de fourrure.

Les armes dont ils se servent habituellement sont l'arc, la fronde et la lance ou le harpon. — Les lances et les harpons sont en bois mince et

(1) Les cheveux coupés sont soigneusement brûlés. Ces indigènes s'imaginent, en effet, que si une mèche de leurs cheveux tombait entre les mains d'un sorcier, celui-ci pourrait les faire périr, par une espèce d'envoûtement, en leur faisant sortir le sang par tous les pores. La même superstition règne chez les Patagons. — Il est curieux de rapprocher ces idées du préjugé un peu analogue qu'on rencontre parfois dans nos pays au sujet des cheveux coupés.

léger, d'une longueur de trois à quatre mètres et armés d'une pointe en os ou en ivoire dont les dimensions varient de cinq à trente centimètres. Les unes sont en forme de dard et à deux barbes, les autres n'ont qu'une seule barbe; d'autres sont dentelées en scie sur toute leur longueur. Elles sont fixées au bois à l'aide d'un ligament fait de tendons d'oiseaux. — L'arc est formé d'un bois très dur et très résistant, difficile à courber, et la corde est remplacée tantôt par une lanière de peau de phoque, tantôt par des boyaux tordus. Les flèches n'ont guère plus de cinquante ou soixante centimètres de longueur. Elles sont garnies à leur extrémité inférieure de barbes de plumes fixées suivant le procédé ordinaire, de chaque côté du bois; quelque fois cependant les barbes sont disposées en spirale ou en hélice — disposition qui mérite d'être remarquée et qui témoigne assurément chez ceux qui l'ont employée, c'est-à-dire inventée, de grandes qualités d'observation. — Les pointes, ordinairement petites, tantôt triangulaires, tantôt allongées, sont faites de pierre noire, de silex ou de verre. Les carquois, de même que les frondes, sont en peau de phoque.

Certains auteurs ont présenté l'arc et les flèches des Fuégiens comme des jouets d'enfant inoffensifs. C'est qu'ils n'avaient pas vu les effets de ces armes; mais nous avons été à même de nous en rendre compte, pendant le séjour à Paris du groupe d'indigènes dont nous avons déjà parlé. Lancée par eux, une flèche sans pointe, simplement aiguisée par le bout, traversait, à quinze mètres, une planche de six ou sept millimètres d'épaisseur, et, à la même distance, s'enfonçait dans un arbre assez profondément pour qu'il fût impossible de la retirer sans la briser. Bien qu'ils ne fissent aucun effort apparent pour obtenir ce résultat, il nous a été impossible, en employant toutes nos forces, d'y arriver nous-même. Pour tirer, ils s'asseyaient à terre, les jambes croisées, et tenaient l'arc non verticalement, mais horizontalement.

Outre ces armes, qu'ils manient avec une grande adresse, ils ont encore des couteaux faits de coquilles tranchantes et des poignards à pointe de verre.

La manière dont sont fabriquées les pointes de poignards ou de flèches, mérite un mot de description. — Pour façonner le verre ou le silex, en effet, le seul instrument employé est un morceau d'os, un simple morceau d'os, allongé, d'un diamètre étroit et arrondi par le bout. — L'ouvrier prend, en l'enveloppant de peur de se blesser, le morceau de verre ou la lamelle de silex dans sa main gauche, qu'il appuie solidement sur son genou ; puis, avec l'extrémité du morceau d'os tenu dans la main droite, les doigts tournés vers le corps, et en exerçant une pression verticale il râcle violemment l'arête extérieure du verre, dont il fait sauter à chaque coup un petit éclat. C'est en rognant ainsi, fragment par fragment, les arêtes de l'objet, qu'il arrive à le dégrossir, et à lui donner la forme voulue. — Ce travail n'est pas aussi long qu'on pourrait le croire: une vingtaine de minutes suffisent pour tailler une pointe de flèche de grande dimension dans le premier tesson de bouteille venu.

Indépendamment de leurs armes et de leurs ornements en os ou en plumes, les Fuégiens confectionnent encore des paniers en jonc tressé, arrondis et de tailles variées, des vases creusés dans un morceau de bois, et munis d'une anse en baleine ou en paille nattée, des gobelets en cuir ou en écorce cousus, de petits sacs en vessie dans lesquels ils gardent leurs couleurs ou le duvet qui leur sert d'amadou. Tous ces objets sont d'une exécution soignée. — Ils ne connaissent pas la poterie.

Leurs canots dénotent également plus d'habileté et d'ingéniosité qu'on n'en voit déployer dans la construction de leurs pirogues par la plupart des peuples sauvages. — Les plus simples sont formés de l'écorce d'une espèce de bouleau, détachée de l'arbre d'une seule pièce, et fermée aux deux bouts. Des bâtons, placés transversalement, maintiennent les parois écartées, tandis que des lanières de cuir empêchent que l'écartement n'aille trop loin. — Les plus grands, qui mesurent jusqu'à quatre ou cinq mètres et même plus, sur quatre-vingts centimètres ou un mètre à leur partie centrale, sont plus compliqués. — Ils se composent de plusieurs morceaux d'écorce (en général cinq: un pour le fond et deux pour chaque côté) cousus ensemble et rattachés à un bordage en bois. La proue et la poupe sont recourbées, et les côtés renforcés de planches à l'intérieur. Les coutures sont faites avec des lianes, des lanières de cuir ou de la baleine, passant dans des trous préparés d'avance, et toutes les ouvertures sont soigneusement bouchées à l'aide d'une espèce de résine. — Ces canots sont destinés à se démonter, pour être transportés à terre, si besoin en est, ce qui arrive assez souvent; au moment de se rembarquer, il n'y a qu'à refaire les coutures et à calfater de nouveau les trous.

Les pagaies qui servent à manœuvrer ces embarcations, sont courtes et très larges.

Peuple chasseur et pêcheur, les Fuégiens sont nomades par goût autant que par nécessité. La rareté des vivres en certaines saisons, ne permet pas les agglomérations nombreuses; et, d'autre part, leurs tendances vagabondes, favorisées par les moyens faciles de déplacement dont ils disposent, les portent à voyager sans cesse et contribuent par suite à les isoler encore davantage. Il en résulte un éparpillement excessif de la population et un défaut total de cohésion entre les fractions d'une même peuplade. Inférieurs en ceci aux Patagons eux-mêmes qui, au moins, forment des tribus (1) et obéissent a des caciques, ils vivent par petits groupes séparés, généralement par familles ou par hordes de quinze ou vingt individus, n'ayant les unes avec les autres que des rapports accidentels, et ne possèdent aucune espèce de gouvernement. Même pour la guerre — l'une des rares occasions où ils se réunissent en bandes plus nombreuses — ils n'ont

(1) Le mot tribu étant pris ici dans son sens technique, et désignant la seconde période de l'organisation des sociétés.

pas de chefs : leurs guerres, il est vrai, sont si peu de chose, qu'ils n'en ont pas besoin. — La seule autorité qu'ils reconnaissent est celle de l'âge, de l'expérience ou de la bravoure. Les vieillards sont très respectés : on écoute leurs conseils avec déférence, et leur parole n'est jamais discutée. Mais le prestige qu'ils exercent tient plutôt à leur âge lui-même qu'à leur qualité de pères de famille.

On a prétendu que les Fuégiens vivaient dans la promiscuité. Cela est vrai peut-être pour quelques tribus ; mais non pas pour toutes. Les Tekeenica de Fitz-Roy, quand ils surent assez d'anglais pour s'exprimer dans cette langue, parlaient souvent non seulement de leur père, de leur mère et de leurs frères ou sœurs, mais aussi de leurs oncles et de leurs tantes, ce qui implique l'existence de familles régulièrement établies. Il semble qu'ils soient peu jaloux comme maris, et assez indifférents au sujet de leurs femmes ; mais les enfants sont en général très aimés et choyés. L'un des Fuégiens du Jardin d'Acclimatation, notamment — le plus vieux — témoignait une vive affection à l'endroit de sa petite fille, âgée de deux ou trois ans, et bien qu'il fût peu démonstratif, nous l'avons vu, un jour que l'enfant était malade et pleurait, la soigner et veiller sur elle comme aurait pu le faire le père le plus tendre. — La condition des femmes est fort malheureuse. Traitées comme des esclaves, souvent brutalisées, elles sont astreintes à de multiples et durs travaux. Ce sont elles qui recueillent les coquillages, qui pêchent les petits poissons, qui vont chercher au fond de l'eau les œufs de mer, au prix de grandes fatigues, et qui rament dans les canots. En outre, elles préparent les peaux et les fourrures, confectionnent les vases et les paniers, les lignes, les colliers, et sont chargées, avec les enfants, d'entretenir le feu. — Les hommes font la guerre, chassent, pêchent les grosses pièces, dressent les chiens, coupent ou cassent le bois dans la forêt, construisent les canots et les huttes, et fabriquent les armes. Chacun semble avoir une spécialité dans l'une ou l'autre de ces occupations ; mais tous peuvent s'en acquitter également.

Le communisme le plus complet règne chez ces indigènes, qui ne paraissent pas même avoir l'idée de la propriété.

Leurs croyances religieuses sont assez mal connues; d'après le peu qu'on en sait, elles ont quelque analogie avec celles des Patagons. Comme ceux-ci, ils croient à l'existence d'une divinité mauvaise plutôt que bonne, qui punit ici-bas les hommes, et qui se plaît à les tourmenter en causant les tempêtes, les disettes, les maladies. Ils se la représentent sous la forme d'un grand homme noir qui erre incessamment par les bois, voyant tout et entendant tout. — Les Chonos passent pour adorer, outre ce génie malfaisant, qu'ils appellent *Yacci-ma* un autre esprit, nommé *Yerri-yuppon*, qu'ils considèrent comme l'auteur de tout bien et qu'ils invoquent dans le danger ou le malheur. Leur religion comporte certaines cérémonies ; l'Anglais Byron, dont le navire avait fait naufrage sur les côtes du Chili et qui passa plusieurs semaines au milieu d'une bande de Chonos, aux environs des îles Guaianecos, ayant assisté à l'une d'elles, nous les décrit, comme des espèces de saturnales, dans lesquelles, à force de s'exciter par les danses et des chants sauvages, ils en arrivent à s'armer de tisons enflammés et de coquilles tranchantes, frappant autour d'eux comme des hallucinés et se blessant les uns les autres.

Chez les Fuégiens, on n'a pas remarqué l'existence de pratiques religieuses. Toutefois, lorsque, dans la mauvaise saison, après plusieurs jours passés sans nourriture, ils réussissent à s'en procurer, cet événement est signalé par une cérémonie particulière. Un voyageur nous dit qu'en pareille circonstance le plus vieux de la famille, après avoir partagé la proie et l'avoir distribuée, murmure une sorte de prière ou d'invocation en regardant le ciel, et que personne ne touche à sa portion avant qu'il n'ait achevé.

D'ailleurs ces indigènes sont superstitieux à l'excès, ainsi que le sont

toujours les peuples chasseurs ; et comme les nécessités de la vie matérielle forment l'objet dominant de leurs préoccupations, la plupart de leurs
superstitions s'y rapportent également et sont relatives à une foule d'actes
ou de circonstances qu'ils croient exercer une influence fâcheuse sur l'état
de l'atmosphère, sur la quantité du gibier, sur les chances de la pêche.
— C'est ainsi qu'ils ont soin de ne jamais laisser retourner à la mer les
coquilles vides des mollusques, parce qu'ils pensent qu'alors ils n'en
trouveraient plus. De là ces immenses monceaux de coquilles que l'on voit
entassés sur le rivage, toujours hors de l'atteinte des plus hautes marées.
Le voyageur dont nous parlions tout à l'heure, Byron, qui ignorait cette
coutume, faillit être massacré par ses compagnons, parce que, étant en
canot, il avait jeté par-dessus bord quelques coquilles des moules qu'il
était en train de manger.

Les Fuégiens ont leurs sorciers comme les Patagons ; mais comme
leur rôle est à bien peu de chose près le même que chez ces derniers, nous
n'avons pas besoin de nous y arrêter.

Le mode de funérailles usité dans les îles de la Terre-de-Feu est des
plus simples : on se borne, après avoir enveloppé le cadavre de fourrures,
à le porter au loin dans les bois, sur la montagne, et à le recouvrir d'un
amas de feuilles et de branchages. C'est ainsi que les choses se passent du
moins chez les Alikhoolip et les Tekeenica et peut-être aussi chez les
Pêcherais. Quant aux Chonos, ils déposent les morts dans des cavernes
réservées à cet usage.

Il est difficile de savoir si ces indigènes croient à une vie future. On
ignore quelles sont les cérémonies qui accompagnent chez eux les funérailles, et les auteurs inclinent même à penser qu'il n'y en a aucune.
Cependant nous avons pu recueillir sur ce point un indice assez important
que nous ont fourni les Fuégiens du Jardin d'acclimatation. — Pendant

leur séjour ici, un des enfants de la troupe étant venu à mourir (1), après que le petit cadavre eut été roulé dans des fourrures et déposé à l'écart, ils s'approchèrent du feu, et, d'un air grave, jetèrent dans les flammes quelques morceaux de viande et de pain. Peut-être faut-il voir là la preuve d'une conception confuse de l'âme et d'un autre monde dans lequel elle passe ?

Le langage, on le sait, varie considérablement, on peut même dire du tout au tout, d'une peuplade à l'autre, et c'est là même la principale base sur laquelle repose la division ethnogénique que nous avons établie en commençant. — Dans l'état insuffisant de nos connaissances sur cette matière, nous avions espéré pouvoir profiter de la présence à Paris d'une famille de Tekeenica pour réunir au moins quelques données sur le langage de cette tribu ; mais notre attente a été déçue, et les résultats obtenus, pour ainsi dire nuls. — Au point de vue des caractères extrinsèques de cet idiome, la redondance des consonnes qui prédominent et forment des combinaisons dont aucune langue connue ne saurait donner l'idée ; la fréquence de sons comme *tl*, *chl*, *klev*, qui reviennent à chaque instant, en produisant une espèce de gloussement ; les aspirations profondes et les gutturations fortes, mais tempérées par le relèvement de la langue

---

(1) C'était une petite fille âgée de 2 ans ou 2 ans et 1/2. Il fallut, avant de l'enterrer, procéder à toutes les formalités légales, et dresser un acte de décès, ce qui ne fut pas sans entraîner quelques difficultés. Nous croyons curieux de reproduire ce document, à titre de pièce probablement unique :

Mairie de Neuilly. — Seine.
EXTRAIT DU REGISTRE DES ACTES DE DÉCÈS.

L'an mil huit cent quatre-vingt-un, le trente septembre, à quatre heures du soir. Acte de décès d'une enfant du sexe féminin, âgée de 2 ans et 1/2 environ, née à l'île l'Hermite (Terre-de-Feu), issue d'une famille Fuégienne, décédée au jardin d'Acclimatation. (Sans autres renseignements). Dressé par Nous, etc.

contre le palais ; l'accentuation, très marquée, coupant, scandant en quelque sorte les mots et donnant aux phrases une allure saccadée, haletante ; la manière de parler des indigènes d'une voix basse et modulée, avec des intonations douces, faibles, presque plaintives, composent un ensemble étrange, assez harmonieux à l'oreille, mais qui fait l'effet d'un murmure confus, presque impossible à noter, et qui mérite à peine le nom de langage articulé (1). — Darwin le compare au bruit que fait un homme en se gargarisant, d'autres au gloussement des poules ; c'est ici affaire d'impression personnelle : s'il nous fallait formuler la nôtre et dire avec quoi nous trouvons que cette langue présente le plus d'analogie, nous dirions que c'est — et d'une manière frappante — avec le susurrement de certains grands lémuriens.

Quant aux caractères intrinsèques de cet idiome et à sa dérivation, nous avons en vain cherché — en nous aidant de tous les vocabulaires que l'on en possède — à découvrir quelque affinité entre lui et ceux des régions voisines. D'ailleurs les éléments dont on peut disposer n'ont qu'une authenticité douteuse. — Non seulement, en comparant les quelques mots que nous avions recueillis de la bouche de nos Fuégiens avec les mots correspondants du vocabulaire bilingue (Alikhoolip et Tekeenica) que nous

(1) On en jugera d'ailleurs par quelques mots que nous avons réussi à recueillir : Pied, *djo'kochl-kwa;* — Nez, *chlia're-kwa;* — Œil, *te'leh-kwa;* — Oreille, *korehl'kel-kwa*, — Bouche, *anf'kle'richl-kwa;* — Dents, *che'rik'til-kwa;* — Langue, *le'kel-kwa* ; — Jambe, *kalt-kwa;* — Main, *dero'alehl-kwa* ; — Bras, *perchl-kwa;* — Feu, *wayach-kwa;* — Viande, *ro'perchl-kwa.*

Cette notation, bien qu'elle rende mal les sons qu'elle veut représenter, peut cependant en donner une idée. Nous ignorons ce que c'est que cette terminaison *kwa* (prononcée plutôt *klwa*) qui se représente à chaque mot. Dans la conversation, nous n'avons pas remarqué que ces indigènes en fissent aussi souvent usage.

Nous avons eu beaucoup de peine à nous faire donner ces mots : ces Fuégiens, ne connaissant aucune langue européenne, nous ne pouvions converser avec eux que par signes, et il nous a fallu très longtemps pour leur faire comprendre ce que nous voulions, quand nous leur demandions le nom d'un objet.

fournit Fitz-Roy, nous avons constaté qu'il n'existait entre eux aucun rapport ; mais encore, plusieurs autres personnes ayant voulu suivre notre exemple, en examinant les mots qu'ils avaient transcrits, nous nous sommes aperçu qu'ils différaient totalement de ceux que les Fuégiens nous avaient donnés à nous-même pour les mêmes objets.

Dans de telles conditions, on comprend qu'il ne soit guère possible de se livrer à une étude sérieuse.

Ajoutons, avant de terminer, que ces indigènes prononcent sans difficulté tous les sons de nos langues, même l'*f*, le *th* anglais et le *j* espagnol. Si on leur dit une phrase, même longue, ils la répètent tout entière, mot pour mot et très correctement. Or on sait combien il est difficile pour nous d'en faire autant, quand il s'agit d'une langue que nous ignorons. Du reste tous les sauvages semblent posséder à un haut degré, et en toute chose, ce don d'imitation. Cela tient à ce que, leurs sens étant constamment exercés et tenus en éveil par les nécessités de la vie qu'ils mènent, leurs facultés perceptives acquièrent une acuité beaucoup plus grande que les nôtres.

La diversité des idiomes parlés par les indigènes de la Terre-de-Feu et l'absence d'un langage commun grâce auquel ils puissent s'entendre, ne doit pas étonner si l'on songe que les différents groupes n'ont, entre eux, que des rapports hostiles et se trouvent les uns vis-à-vis des autres sur le pied d'une guerre perpétuelle. Les combats qu'ils se livrent ne sont à proprement parler que des rixes, auxquelles ne prennent part qu'un petit nombre d'adversaires ; mais, pour peu importantes qu'elles soient, elles sont fréquentes et toujours meurtrières. Ces rencontres sont le plus souvent fortuites : si le hasard met en présence deux bandes ennemies, elles en viennent aux mains ; mais il est rare qu'elles se cherchent dans le but déterminé de se battre. Cependant, il semble que les Tekeenica, qui occupent la partie méridionale de la Terre-du-Roi-Charles, soient en butte à des attaques périodiques de la part d'une autre peuplade située plus au nord et qu'ils appellent Oens. Les Fuégiens de Fitz-Roy, originaires de cette région, parlaient en termes haineux de ces Oens et disaient que leurs incursions se répétaient chaque année, à l'époque de « la feuille rouge » c'est-à-dire à l'automne.

En ce qui concerne les Patagons, les rapports qu'ont avec eux les insulaires sont extrêmement rares. Ceux de ces derniers qui habitent la grande île et les îlots environnants ne traversent jamais le détroit, et on n'a jamais vu de Fuégiens sur le continent à l'est de la péninsule de Brunswick. Il n'y a donc guère que les Huemul qui puissent se trouver en communication avec les Indiens des plaines, et cela seulement, à cause de la disposition du terrain, aux environs de Port-Famine ou du côté d'Obstruction Sound. D'ailleurs la présence des Patagons dans ces parages n'est jamais que temporaire. Dans quel but y viennent-ils ? Peut-être pour commercer ; peut-être aussi, lorsque le gibier fait défaut, pour trouver de quoi se nourrir. Certains auteurs nous parlent, d'une façon assez peu claire, d'esclaves fuégiens qu'auraient les Patagons et qu'ils obligeraient à pêcher et à chasser pour eux. Peut-être s'agit-il ici simplement des Huemul. Il est possible que les cavaliers, chassés par la famine vers les côtes, et ignorant la pêche, contraignent les indigènes à leur procurer une nourriture qu'ils ne sauraient prendre eux-mêmes. Mais quant à la prétendue domination qu'ils exerceraient sur eux, elle n'est pas admissible. D'une part, en effet, il est bien évident que les Patagons ne sauraient emmener avec eux, comme esclaves, dans leurs déserts, des individus si différents d'eux-mêmes et qui seraient pour eux un embarras ; et d'autre part, il est peu probable que les Huemul, habitant un climat comparativement favorisé, peu nombreux et trouvant autour d'eux des ressources suffisantes, quitteraient leur pays pour se soumettre à un cacique patagon.

Quant aux Blancs, on a vu quels dangers ils couraient en s'aventurant imprudemment au milieu des Fuégiens. Autrefois, pourtant, il n'en était pas ainsi, et les anciens voyageurs sont d'accord pour reconnaître les dispositions amicales manifestées par ces sauvages. Si depuis lors leurs sentiments ont si complètement changé, il faut en accuser les procédés des Européens à leur égard, et particulièrement ceux des sealers. C'est en effet par les sealers ou pêcheurs de phoques, que ces parages sont le plus fréquentés. Hommes généralement grossiers, sans scrupules et faisant bon marché de la vie d'un sauvage, lorsqu'ils descendaient à terre et que les naturels, sans défiance, s'approchaient d'eux, ils en profitaient pour leur prendre de force les peaux et les fourrures qu'ils possédaient, les maltraitant et les tuant sans façon s'ils faisaient mine de résister. Le résultat de ces brutalités, c'est que les Fuégiens aujourd'hui redoutent et détestent les Blancs. Rendus méfiants par l'expérience, leur premier mouvement, à la vue d'un étranger, est de s'enfuir dans les bois avec les femmes et les enfants, et de mettre en lieu sûr leurs fourrures les plus précieuses. — S'ils pensent n'avoir rien à craindre, ils reviennent en faisant des signes d'amitié, et lorsqu'on les traite bien, se montrent doux et pacifiques ; mais, perfides et dissimulés comme tous les sauvages, que l'occasion se présente de surprendre celui qu'ils regardent comme leur ennemi héréditaire, ils ne l'épargneront probablement pas.

Nous pourrions ajouter bien des détails encore sur les naturels de la Terre-de-Feu ; mais nous craindrions, en le faisant, de lasser la patience du lecteur.

Notre but principal était de dissiper certaines confusions trop fréquentes auxquelles donne lieu l'ethnogénie des populations des régions les plus méridionales de l'Amérique du Sud, et de combattre les préventions imméritées, selon nous, dont les Fuégiens sont trop souvent l'objet. — En effet si, au moral, ces indigènes ont tous les vices des peuples sauvages, ils en ont aussi les qualités, et ils ne diffèrent en rien, sur ce point, de leurs frères en barbarie. — Si, au physique, leur type est bien éloigné de celui des races supérieures, il n'a pas non plus l'abjection et la bestialité qu'on lui prête volontiers ; et les Australiens et les Papous, auxquels on a cherché à les assimiler, sont, à cet égard, encore au-dessous d'eux. — Au point de vue intellectuel enfin, on a pu remarquer qu'ils n'étaient pas complètement dépourvus de réflexion et d'ingéniosité.

Mais, pour n'être pas, à nos yeux du moins, aussi dégradés et aussi misérables qu'on l'a dit, les Fuégiens n'en sont pas moins l'une des races situées au plus bas degré de l'échelle de l'humanité.

Une dernière question s'impose : sont-ils perfectibles ? — Individuellement, certes. Ceux qu'a ramenés Fitz-Roy en Angleterre, l'ont bien prouvé. Mais en tant que race, nous ne le pensons pas : le climat s'y opposera toujours. Dans un pays comme celui-là, la lutte pour l'existence a trop d'âpreté et d'exigences. Non seulement elle empêche l'homme de se former en société en le contraignant à fuir ses semblables ou à les combattre ; mais encore elle absorbe toutes les forces vives de son être, elle ne développe que ses facultés inférieures, elle ne laisse pas en lui de place pour d'autres pensées. L'homme que sa destinée a fait naître dans ce milieu funeste, ne saurait s'élever plus haut. Tel qu'il est aujourd'hui, il a réalisé toute la somme de progrès compatible avec sa condition, et tel qu'il est aujourd'hui il est condamné à demeurer, pareil à ces plantes poussées dans un terrain mauvais qui n'atteindront jamais leur complet épanouissement, ou à ces êtres disgraciés dont un accident a interrompu la croissance et qui, aussi longtemps qu'ils vivront, resteront au niveau où ils sont arrêtés.

PARIS. — IMPRIMERIE DE LA REVUE ORIENTALE, avenue Duquesne, 47.

DATE DUE

Demco, Inc. 38-293